·下卷·

覺悟的挑戰

佛 智 所 開 拓 的
愛 與 覺 悟 的 世 界

Ryuho Okawa
大川隆法

台灣幸福科學出版有限公司

前言

承接上卷，下卷亦對中道論、涅槃論、空、無我、佛性論和佛教的核心理論展開了大膽的論述。藉此，可以說又增加了一部關於佛教精神的新理論著作，幸福科學的法理論也變得更加深厚了。

本書的論題是相當專業性的，但考慮到大多數讀者，特將其難易程度控制在比學術論文稍微簡單的範圍內。此外，儘管本書是以形而上學的探討為中心，但和我的其他著作一樣，採取了口語體，使其盡可能地做到簡明易懂。然而，本書中的理論要點都是現代佛學以及現代佛教的關鍵之處。即便是長年研究佛教之人讀完，也會感到恍然大悟——「原來這就是釋迦的本意啊！」敬請各位細心閱讀。

一九九三年　六月

幸福科學集團創立者兼總裁　大川隆法

目錄 Contents

第二章 小乘與大乘——51

第三章 何謂涅槃——81

第六章 佛性與成佛——169

第一章

始於中道的發展

1 何謂中道

本章將就「始於中道的發展」進行論述。這是非常難的主題，縱然翻遍佛教系統的各種文獻及教義，也沒有任何一處講述過「始於中道的發展」的內容。不僅是佛教，就我所瞭解，其他的思想也從不曾正面講述過這個主題。

因此，這個「始於中道的發展」，可謂是幸福科學獨有的主題之一。換言之，這是一個非常新的主題，亦是十分帶有幸福科學特色的主題。

首先，我想要開宗明義地闡述結論。所謂「始於中道的發展」，就是「在正確的姿態當中，以人格的提升和社會的繁榮為目標。換言之，做為一個人在今世的修行態度、姿態方面，一邊要追求正確性，一邊還必須以人格的提升和社會的發展、繁榮為目標」。

「始於中道的發展」就是如此教義，這就是結論。

「中道」一詞，想必各位也有所耳聞。比如說，在政治關係上常會使用「中道政黨」。這裡的「中道」，是指「既非左翼也非右翼，而是中間派」的意思。當然，這種思考方式本身並沒有錯，只是做為佛陀的思想，「中道」並非僅是表達立場上處於中間的意思。

有一個與此相近的思想，稱作「中庸」思想，在此，我想先將兩者進行對比。「中庸」存在於孔子的思想當中，此外，在堪稱近代西方哲學鼻祖的笛卡爾的思想當中，也存在中庸思想。

笛卡爾對此理解到了何種程度，我並不知道，我只知道他始終主張「在遭遇各種人生問題的過程中，對於世俗之事要保持中庸，即依循常識性見解生活」。換言之，他的思想就是「人生苦短，無暇為何謂正確，或如何處理問題等瑣碎之事而苦惱。對於此類問題，最好是效仿具有社會常識之人的想法、良知來解決」。我認為此時的中庸，比較接近於「注重常識的思考方式」。

與此相對，佛教所使用的「中道」是否也是同樣的意思呢？當然，做為保持均整、平衡的常識性想法而言，它們也有著相似之處。但「中道」的「中」——「正中間」這個詞，在佛陀的教義當中，其實可以置換成「正確」一詞。「中道」，即為「正確之道」，換句話說，「進入中道」也就是「進入八正道」的意思。所謂八正道，就是指正確地看、正確地想、正確地說、正確地行動、正確地生活、正確地精進、正確地思維、正確地入定等八個行為項目。這在我以往的著作中也有過說明，然而八正道本身，並沒有講述到底何謂「正確」。而實際上，這個「正確」就相當於中道的「中」的思想。

因此，知曉「中道」，就等於知曉「正確」。知曉「正確」，就等於知曉「到底何謂佛陀的覺悟」。

希望各位能站在這個角度，探究「究竟何謂中道」。此外，在探究中道之際，大致可分為兩種觀點。

第一種是做為實踐論的觀點，這是指具體的行動指標或修行態度、生活方式等意義上的實踐論，故第一是實踐論的中道。

另一種則是對事物的看法和想法等意義上，做為一種觀念的中道論。這也可以稱為價值判斷，即關於事物的看法、想法和做法的中道。

這兩種觀點是本章探究「中道」的兩大支柱。

2 做為實踐論的中道——苦樂之中道

首先，本節要講述「到底何謂實踐論的中道」。

這個中道的思想，最初又是源自何處呢？那正是釋迦本身在開悟的過程中獲得的覺悟，這是個不容否認的歷史事實。

喬答摩．悉達多，即釋迦，是地方貴族（釋迦族）的王子，轉生在當時名為迦毗羅的王城，並且是國王的繼承人，成長於非常優越的物質環境中。他擁有夏季、冬季和雨季的三座宮殿，且每個宮殿都置有一房妃子。就像這樣，他度過了二十九年的舒適生活。

然而，在這樣的生活當中，他漸漸感到人生的矛盾、無常，因而踏上了探究內心疑惑的旅程。而當時，他的夫人耶輸陀羅，剛剛為他生下了一個兒子，名為羅睺羅。

喬答摩放棄了繼承王位，捨棄了妻兒，拋棄了一切，決心出家，想要尋找一位能夠為自己解答內心疑惑之師。然而求師不得，他便開始自己獨自悟道，並持續了長達六年的苦行。

當時，他體驗了所有的肉體苦行。比如不斷減少食量，最終達到僅憑一粒穀物度日，餓得只剩下皮包骨，或者是將自己的身體埋在土裡，進行瞑想等等。總之，他嘗遍了各式各樣的苦行，但在肉身的痛苦之中，他卻未能達到自己所追求的覺悟。

然而，這般的苦行並非是釋迦自己獨創的。迄今印度仍有著為數眾多的如此修行者，早在釋迦之前，這些苦行就已經有數千年歷史了。瑜伽，就是其中的一種修行方法。

就在他身體衰竭、生命垂危之時，一位名為修舍佉的年輕村女給了他一碗乳粥。將粥吃下之後，釋迦豁然覺悟了——「迄今為止，我一直想要透過否定自己世間的生活、生命，從而追求覺悟。然而斷絕世間的肉身生命，似乎並不能使人覺悟。既然是做為人在世間享有生命的存在，就必定能夠在認同、發揮如此生命的過程中，尋找到人生的真諦、結論，及其意義。」於是，他決定恢復自己的身體狀況，脫離極端的苦行，從而到達了通往覺悟之道。

然而，當時與釋迦一起修行的同伴們，看到他接受了村女供奉的乳粥以後，紛紛輕蔑道「他墮落了」、「他已經放棄了悟道」，因而離他遠去。

這是因為，當時的一般看法認為，「一旦在中途放棄苦行，此人就變成了與覺悟徹底無緣的墮落之人」。

事實上，後來在印度出現了一個與佛教勢力相當，形式也非常相似的宗教，名為「耆那教」。在耆那教的修行當中，崇尚極端的肉體苦行，主張「若是在苦行當中死去的話，就會成為聖者，即能成佛」。佛教與耆那教的思想截然不同，但做為傳統的苦行論而言，耆那教的思想是強有力的，所以從他們看來，佛教則是軟弱無力的。

然而，正是釋迦放棄苦行、追求覺悟的行動，為後來佛教教團得以健全發展、成為世界宗教打好了基礎。反之，一味崇尚苦行的耆那教，如今只存留於印度，而未能傳佈到其他國家，也就是說，它缺乏了普遍性。

至此，釋迦得出了以下的結論：二十九歲之前在迦毗羅城中度過的高雅生活，充滿物質和享樂的生活當中，找不到何謂人生真諦的答案。享樂當中存在的，就是人性的墮落，那是一條通往墮落、人格無法有任何提升的道路。在這種享樂的、滿足的、錦衣玉食的生活當中，根本無法獲得真正的覺悟。因為它否定了人格的提升。因此，在極端享樂當中生活，並不能引導人們走向真正的幸福，至少它不是通往冠上覺悟之名的幸福之道。

反之，長達六年的苦行之道，歸結起來也只是徹底折磨肉身，直至最終斷絕世間的生命。如果轉生於世間的人，自行了斷生命就是修行的話，那倒不如不要轉生比較好。從理論上思考也是如此，至於人為何而生，也就失去了意義。對於轉生的意義、人生的意義等問題，也無法做出回答，反而變成了一種逃避。

釋迦所做出的結論就是這樣，若是一味否定肉身的話，還不如不要轉生比較好，人生的意義就更是無從談起。

就像這樣，釋迦透過「在享樂當中無法提升人格」，否定了享樂主義，並發現了「在無盡折磨肉身的苦行當中，也無法磨練自己的知性、理性」。

仔細想想，就算是能夠坐在針氈上、持續單腳站立，或是像魚一般潛入水中，也絕不可能使人提升靈魂、提高認識力，以及知性和理性方面的發展。

首先，請各位必須要知道「在佛教的思想當中，去掉兩個極端，進入中道的行動原型，如今已是佛教思想的重要支柱」。

因此，源於實踐論觀點的中道，就是否定享樂主義和苦行主義的極端，進入中間之道。但這絕不是「進入一條差不多的道路」之意，而是否定了極端以後才出現的境地。換言之，這是明確知道「兩個極端之中沒有答案」之後所到達的境地，而不是被迫選擇差不多的生活方式，請各位務必認識到這一點。這就是源於實踐論觀點的中道，即便在現代社會，這也可以成為追求覺悟之際的參考思想之一。

現代也仍然有許多人進行著苦行，在印度、日本，都大有人在。據說有人在山中行走千日之後，變成了阿闍梨。當然，此人的身體會變得強健，或是精神力也能得到鍛鍊，但這終歸是與覺悟無關的行為。此外，其他任何超人般的修行方法，實際也是與覺悟無關的。

另一方面，在墮落的生活，放任自己、隨心所欲地生活當中，也無法獲得覺悟，這是理所當然的事。

總之，各位必須理解這個實踐論的觀點，只有持有嚴於律己、進入中道修行的態度，修行者才能進入獲得覺悟的道路。

3 想法當中的中道

（1）回歸白紙

接下來，我要講述對於事物的看法、想法的中道。這是更高層次的思想，對於修行者而言，亦是尤為重要的中道思想。

到底何謂想法當中的中道呢？簡而言之，就是「首先回歸白紙」。這個白紙在佛教用語中，也寫作「無記」——什麼都不記，即「不是原封不動地接受既成的觀念、概念和價值觀，而是回歸到一張白紙，透過自己的眼光，坦率地重新進行審視」的思考方式。

例如，從釋迦時代開始，印度就存在種姓制度——最高等的階層是稱為「婆羅門」的祭司階級和僧侶階級，次等的是稱為「剎帝利」的武士階級，第三等的是稱為「吠舍」的商人階級，第四等的是稱為「首陀羅」的奴隸階級，還有最低等的階級，叫做「賤民」。就像這樣，透過出身決定了眾人的貴賤之分。但對於這種思想，釋迦也坦率地提出了疑問和意見。

為何有人天生被視為尊貴的「婆羅門」，而有人卻生來就被指為貧賤的「賤民」呢？這和人的價值真的有關係嗎？

這樣的質疑，在當時來說是非常具有革命性的。對此，釋迦得出了以下結論：「人應該透過自己的行為，成為婆羅門、剎帝利、吠舍，或是首陀羅。因此，實際為佛神貢獻之人方可稱為婆羅門，真正遂行武士工作者方可稱為剎帝利，實際從事商業活動者即可稱為吠舍，而本身墮落、敗壞，且行為遭人輕蔑者才被稱為首陀羅。人的價值並非是透過出身，而是透過行為、行動決定，這才是正確的基準。」

當然，這個行為也包括做為前提的意志。方才我所講的「回歸白紙的狀態，重新思考做為人的價值和生活方式」，就是這個意思。

事實上，現代也有許多這樣的價值觀。諸如「A有價值，而B沒有價值」的觀念，可謂比比皆是。職業是如此，男女關係是如此，年齡高低是如此，收入也是如此。此外，關於外形、容貌的好壞，世間也有著各種既成的價值觀。然而，這一切都必須透過白紙般的心，重新進行審視。

不過，這絕不是贊成懷疑論，或是主張懷疑一切，也不是崇尚透過懷疑，讓一切變得沒有價值秩序。這是在說明不應以他人所講的為中心，而是必須謙虛地、坦率地回歸到白紙的狀態，透過自己率直的眼光再度審視事物。屆時，勢必將看到不同的風景。

方才我引用了「種姓制度」的實例，現在再來看看學歷的例子。社會上普遍認為，學歷越高越好。然而儘管有人因為擁有高學歷，從而提升了人格、提高了工作能力、對社會做出了貢獻，卻也有不少人仗著學歷高而看不起人，盡給他人添麻煩。因此，學歷本身不存在好壞，用得好自然有益，用不好則適得其反。

財產也是如此，此外，對異性的愛情亦是一樣。愛情本身並沒有好壞，如果說愛情不好的話，人類就無法得以延續。然而，若是不由分說地肯定男女的愛情，恐怕又會出現很多的放蕩、墮落之人。

總而言之，就是「必須透過回到白紙的眼光，才能夠判斷那是否是真正使人向上的人生態度、是否是使人真正獲得幸福的道路。必須透過這種率直的眼光，重新審視世間的價值觀，並透過靈性的眼睛，提示真正的見解」。

以上就是對於想法當中的中道的最初說明，我想這也是很簡明易懂的說明之一。

（2）斷常之中道

當然，對於中道的說明還有著更深奧的內容。比如說，這個中道的思想在歷史上是以怎樣的形式出現的？而在各種的看法、想法，或價值判斷當中的中道，又是如何展開的呢？我想要就此進行探討。

上一節講述了源於實踐論觀點的中道，稱之為「苦樂中道」，即「不苦不樂」，既非苦，亦非樂，也就是常說的「苦樂的中道」。

與此相對，想法當中的中道包含著一種名為「斷常的中道」的思想。所謂「斷」，就是斷絕的意思，而「常」，即是指恆常。因此，「斷常的中道」也可以稱為「不常不斷的中道」。接下來，我就要探討這個「斷常的中道」到底是指什麼。

在釋迦時代的印度，這個話題亦曾被廣泛討論。當時的主流思想認為，人的自我稱為「本我」，天神的存在稱為「梵天」，而梵天和個人的自我稱作是「梵我一如」——本來即為同一。

的確，靈魂的本質是與佛一樣的光，並且宿有佛性，所以從佛性的角度而言，梵天（相當於高級靈）與人的確是一體的。這個傳統的婆羅門思想，即便從現代人的觀點來看也是正確的。

然而，這個觀點固定化以後會變成怎麼樣呢？如果觀看現實社會，就會發現種種惡行正在上演。比如說有人殺戮、有人偷盜、有人侵犯他人的妻子、有人過著放蕩的生活、還有人害得人家破產，有著各種的生活方式。

看到這樣的現象時，各位就會明白世間有著形形色色的人，既有墮落之人，亦有失敗、慘敗之人，以及成功之人。若是不承認這種差別，一味地推行「梵我一如」的思想，人們就會傾向於藐視修行，甚至放棄修行、隨波逐流。

因此，當時釋迦堅持認為「這種將自己的自我存在，視為完全等同於高級靈的觀點，是一種非常危險的想法。對此，必須要加以反駁。」

同時，釋迦也知道人是靈性的存在，是往來於今世（三次元世界）與來世（靈界）之間的存在。於是，釋迦提出了以下見解。

方才講述的「斷常」中的「常」——恆常的存在，就是指「人的自我存在、本身存在是恆常的，是一直持續的，始終不變的存在」。另一個「斷」——斷絕，則是指「人將以死亡為分界線失去自我存在。即人死後，自己就不存在了」。這兩者都是極端性的思想，前者是基於靈魂觀的傳統的婆羅門教學的思想，而後者認為死後一了百了的想法，是當時已經萌芽的唯物論思想的一部分。死後就一了百了的思想，至今仍然有很大的勢力。對於這兩種思想，釋迦則提出了「斷常之中道」、「不常不斷」的思想。

也就是說「人並非是死後就一切完結的存在，而是『不斷』——無法斷絕的存在。然而，人的存在——各位所認為的自己，亦不會永遠這般存續下去。這絕不是說肉身不會死亡，而是說寄宿於肉身之中的存在，到了靈界以後就會變成一個截然不同的存在」。

總之，人在世間認為是自己的種種想法，都是以眼、耳、鼻、舌、身、意的六根為中心，從而產生的自我觀。即用眼睛去看、用耳朵去聽、用鼻子去聞、用嘴巴去嚐、用手去觸摸等等，以這六根為中心，進行各種的判斷、思考，認為「有」自己的存在，但這個「我」，並不是來世也會原原本本地持續下去。

所謂「存在來世的生命」，並不是指現在各位所認為的自己，將原原本本地前往靈界。事實上，在前往靈界時，現在的感覺器官將不復存在，而身體也會變為更加精妙的「靈體」。此外，變成了靈體時，最初還會跟人一樣持有五體的姿態而生活。但漸漸地習慣靈界的生活以後，就能夠完全脫離五體了。

所以說，你現在認為是「自己」的形態和姿態，並不是真實的你，而回到了靈界的你，將變成自由自在的存在。換言之，「你」的存在本身將會繼續下去，但那個「你」卻不同於現在的你。

因此，「你的自我、你本身將一直持續下去」的「常住」——恆常的思想，以及「你死後將一了百了」——斷絕的思想，這兩者都是錯誤的。

為此，釋迦指明了「這兩者都不是真實的思想，我們必須進入中道」，這就是「斷常之中道」的思想。

（3）對無我的錯誤理解

然而，對於釋迦思想的真相，世間存在著錯誤的理解，所以就出現了我在上卷第四章中所提到的「無我論」。

有人就認為「釋迦否定了自我、本我的存在。既然沒有自我存在，那麼人死後就不可能繼續生存。」

但如此一來，釋迦講述的教義就變成了唯物論——僅物質、世間就是一切的思想，而這種思想，迄今依然盛行著。

與這般的靈魂否定論一脈相承的「無我論」，亦相當盛行，甚至寺廟的僧侶當中也有人認同如此理論。在大學的宗教系、佛教系等當中，亦在傳授這種無我論。我已經講過了，在這種思想之下遂行宗教活動、從事僧侶工作的人，死後都將前往地獄，因為他們在此處犯錯了。

「你的自我、你自身並非是恆常的存在。人不是一直存續的存在，但也不會隨著死亡而消失。恆常的思想是不對的，但認為死後一了百了的、斷絕的思想亦是錯誤的。事實上，人是在變化、轉變的過程中生活的存在。」這才是正確的觀點。

但因為不理解這一點，人們就認為「人非恆常，沒有自我存在。無我才是真正的人生真相」，進而變成了「人死後靈魂也將消失，來世亦將消失」的唯物論。

其結果如何呢？一旦這種唯物論盛行以後，人們就無法度過靈性的生活，而一味重視世間的生活，最終將導致一種享樂主義，變成任憑惡魔使喚的存在。然而，這是根本性的錯誤。

釋迦講述的「無我」，其實是這樣的——「人是無法獨自一人存活的，而是很多人互相協調而生活的存在。如果各位身在其中，每個人就會像牛或鹿那般頭上長著犄角，這些角就會相互碰撞進而傷害對方。這些角還會卡到各種東西，給自己造成痛苦。因此，若要和他人共同度過社會生活，就必須去掉自己的犄角、控制自己的犄角，並且調和自我」，這就是「無我」的教義。

「無我」，也可以稱為「非我」，即「我不是獨自一人的存在。我是因為眾多人的存在而存在，我是因為佛讓我存在於世間才能夠存在，我是無法獨自存在的。當抱持著『非我』的態度生活時，才有著一面使自己成長、一面與他人和諧共處的道路」——這就是釋迦所教導的內容。

然而，這種非我——「因為自我的意念會製造執著，所以必須將其去除」的教義，卻被人們曲解為物理上的無我。我想各位也十分清楚，這種理解就是缺乏智慧的表現。

這是佛教的歷史上最大的汙點之一，而且現代還在持續著，甚至有很多著名的學者也信奉這種思想。

然而，從釋迦思想的「不常不斷」——既非恆常、亦非斷絕的「斷常的中道」的觀點來看，就會很明確地知道他絕不會支持「死後一了百了」的想法，這根本不是他所持有的思想，此處亦存在疏漏。

因此，現在還有一些所謂宗教學者或宗教團體，在批評正確宗教時，拿出這個「無我論」，指出「佛教是否定靈魂的，所以既沒有靈魂、亦沒有來世。因此，你們的宗教是錯誤的」。但對於這樣的論調，必須透過方才所講的理論，與其堅決戰鬥到底。

若是沒有靈魂的存在、沒有靈界的存在，那麼宗教就不會有立足之地。如果僅是世間的人生態度，依靠道德就夠了，根本不需要宗教。宗教之所以會存在，就是因為有著靈界、死後的世界、靈魂的世界，人們想要對照靈界來思考今生的人生態度時，宗教方才能成立。因此，千萬不可輕易接受這種，否定宗教成立之根基的思想。

各位幸福科學的信徒在傳道的過程中，想必也曾遇到過這種基於無我論的「無靈魂論」吧！屆時，各位必須要堅決地予以否定。不管對方是僧侶、宗教家，還是宗教學者，對於這般的根本性謬誤、無明，一定要堅決地將其粉碎。

這些人總是容易陷入極端的思考——自己會一直存續，還是會消失殆盡？但這種極端的想法，絕不可能教導人生的真相。因此，想法之中的中道至關重要。為了實現想法之中的中道，就必須回歸白紙般的狀態，認真地進行思考。

（4）有無之中道——何謂「空」

關於想法當中的中道，若是從傳統的思想當中再舉一例，還有「有無之中道」。「有」即是有著；「無」即是沒有，所以「有無的中道」就是指「非有非無的中道」——既非有，亦非無的中道。

這就好比說是關於物質是否存在、人是否存在，即「是有或是無」的爭論。這種爭論，從當時的印度一直持續到了現代。但對於物質存在與否、人存在與否，想要立刻得出結論，也是一種極端的想法。對此，釋迦也持有鮮明的態度。

「我們眼中所看到的事物、看似穩固存在的事物，看上去的確是存在的，這是無可否認的事實。若是實際觸碰的話，它還會發出聲音。總之，它的存在是無法否定的。然而它的存在，並不代表它是真正的實體、真正的實在。」

——這就是釋迦的想法。

「那麼，不是有（存在），就是沒有（不存在）嗎？桌子是不存在的，人也是不存在的嗎？實際亦並非是沒有、不存在。」教義的說明，便始於此處。關於存在與否的議論，最終產生了「空」的思想。

換言之，如果承認靈性世界、靈界的存在，對於「空」的說明就會變得非常簡單。「總之，世間的物質存在，並非是本質的、實體的存在，亦絕非是無法改變形態的存在，或是常住的、實在的存在。唯有靈性世界、靈界當中的存在，才是實在，而世間都是虛假的存在。」若是從這種靈性觀點來解釋，「空」就這麼簡單的思想。

然而，對於普通人而言，就是無法理解靈性世界、靈界，所以不得不將「空」的思想轉化為世間的思想進行教導。因此，儘管「世間是虛假的存在，而靈界才是真實的存在」，這般的靈界說明是非常簡單易懂的，但對於無法理解靈界的人而言，「空」的思想就變得非常複雜了。

因此，為了讓世間之人，比如不瞭解宗教之人，也能理解「空」的思想，就應該如下進行說明。

比如說，先試問「長良川這條河，是否真實地存在？」

首先，有人說：「長良川是存在的，它是實在的。」那麼，此人就必須把長良川拿給大家看。然而，哪個是長良川呢？比如汲一桶長良川的水，告訴大家：「這水就是長良川。」那桶水就能夠稱之為長良川嗎？恐怕不行吧！這雖是長良川的水，卻不是長良川本身。此外，抓一把長良川的砂子，就能說「這就是長良川」嗎？應該也不行。

再比如拿出一張地圖，說「長良川是始於這裡、流入這片海，總共是如此長度的河流」，那就能算是真正地解釋了長良川存在的實體嗎？也並非是如此。

那麼，究竟什麼是長良川呢？

如果讓河流停止流動，在上下游將水停住，不讓一滴水流出來，再把土和水都原封不動地拿出來，說「這就是長良川」，這樣總算是將長良川解釋清楚了吧？然而，真的能夠讓河流停止嗎？當河水停止流淌時，那還能稱之為河流嗎？不能吧！屆時就只是變成池塘或是湖水，而非河流。

於是，議論的焦點就轉移到了「長良川這個名字是有的，但它本身是否實際存在呢？」誰也無法拿出長良川的實體來加以說明。然而，人們都用長良川的名字來稱呼它，所以就認定它是存在的。

就像這樣，世間的存在都有著名字，看似都是存在的，但誰也無法提取其實體進行證明，就更別提拿出一個「不變的存在」展示於大家面前。

「人」也是如此，人每天都有新的細胞產生，老的細胞死去。在人體當中，不曾留下任何一個出生時所帶有的細胞，十年前的細胞也沒有存留下來。此外，骨頭在變化，腦細胞也在變化，人體每日都在更新。

如此看來，若是有人問及「你究竟是什麼人？能把你自己展示給我看嗎？」等你要展示自己的瞬間，就已經發生了變化。

總之在這個世間當中，就算是被要求展示「這就是真正的你」、「這就是稱為你這個名字的人」、「這就是長良川」，也沒有任何一個能展示出來。

萬事萬物都處於變化之中，一切事物都會不停地變換，這就是「一切無常」。這個「無常」——不斷變化、沒有恆常的狀態，也可以用「空」一詞來表示。

正如無法定義「這就是長良川」、「這就是你」一樣，我們也不能斷言「昨天的你、今天的你和明天的你，完全是同一個人」。昨日的肉體與今日不同，明天的肉體也將發生變化。吃的食物不同，細胞也會出現變化。

此外，如果說「去除了肉體，心才是你本身」的話，那麼昨天的你、今天的你和明天的你，就擁有同樣的心理狀態嗎？昨天的心情和今天的，應該是不同的，今天和明天也將會不同。即便是在同一天，現在和瞬間以後也是不同的。如此看來，心也不是你的本質，既非是你的實在，亦非是實體。我們無法把心拿出來給人看，說「這就是我的心」。

「萬事萬物都處於變化之中」——這就是「空」。

不過，這裡對「空」的說明，只是為了讓世間的人更容易理解，從三次元的角度所做的解釋。因此也請各位務必要警惕，這一旦往錯誤的方向發展就會變成唯物論。對於初次學習佛教的人，可以這樣來解釋。總之這裡的「空」，就是為了方便世人理解而做出的解說。

真正的「空」不止於此。在世間和靈界、虛假的世界和實在界之間的關係當中所講述的「空」，才是真正的「空」。

那麼，透過這個「空」的觀點，可以說「長良川是存在的」嗎？這看似存在，但也不可斷言。那是否可以斷言「不能拿出真正的長良川，所以它就不存在」呢？但它又在實際流淌著，因此也不能說沒有。

那麼，既不能說存在、亦不能說不存在——長良川的本質就在於此。長良川就是如此的存在。這個既不能說「有」，也不能說「沒有」的狀態——這個中道當中才有著真實。

換言之，必須透過「有無的中道」看待世間的存在、人以及環境、一切事物，還有地上的現象存在——這就是釋迦的思想。從以上的解說中也可以看出，這種思想的確是正確的。

所謂正確，並不是指「這個是對的，那個就是錯的」，也不是「非此即彼」的意思。

總之，若是追求佛教上的正確，結果就是這樣的：「相對的事物，並非是實體。所謂『相對的事物』，即是『吾與汝，我和你的關係』、『這個物體和那個物體之間的個體關係』等，如此相對的事物就不是實體，這與『空』的思想有所連結。」

然而，當否定說「這不是實體」時，出現於我們眼前的又是什麼呢？在否定相對世界的同時，又會出現絕對世界。換言之，這就是「靈性世界觀」。「『吾與汝』、『這個物體與那個物體』，這般的個別事物是分別存在的。」——這種的觀點就是相對觀，但捨棄相對觀時，「空」的世界就會開啟，在「空」的世界當中就能看到絕對的存在、絕對的世界。

總而言之，「空」就是否定世間的存在是實體的思想，或者說斬斷世間執著的思想。「去除對世間事物的執著之心、執念。當捨棄執念時，真理就會出現」，這就是「空」的思想。

4 三諦圓融

接下來我想就中道做進一步的解說。關於上一節所講的「空」，中國的天臺大師智顗認為：「關於真理的觀點有三個部分，或者說有三個視點、三個自覺。分別是『空諦』、『假諦』和『中諦』。」（「諦」就是「四諦」的諦，即真理的意思）他提出了空諦、假諦和中諦的「三諦」思想。

所謂空諦，即是佛教的本質，特別是大乘佛教的本質，也就是從對世間事物的執著當中解脫出來，引導人們前往實在世界的思想，即與大乘佛教的拯救論密切相關的「空」的思想，這是首要的觀點。

因此，「先否定世間的一切事物，主張『世間沒有實體、沒有實在的存在』，世間的事物沒有任何一個是實體的。我的肉身不存在，手錶、桌子，或是各位，也都不是真正的實體。這些都是不斷變化、無常的存在，所以即便現在看上去呈現著某種狀態，但那也不是固定的存在。那不是佛所創造的事物，至少不是神有意創造出來的，而只是流逝過程中的瞬間。因此，若是想要知道本質、瞭解真相，就必須首先捨棄世間的觀點。屆時，真相方才會出現。」

——這就是空諦。

然而，僅僅滿足於「空諦」會怎樣呢？世人就會一味地憧憬阿彌陀佛所在的來世、靈界，從而輕視世間生活。正如釋迦進行肉體苦行時，也曾認為「斷絕世間的生命就是獲得覺悟之道」，並有過想要輕生的瞬間迷惑一樣，現實當中也存在這樣的修行者，覺得「否定肉身和世間的物質，就能得到真理」。換言之，空諦雖是首要的真理，但若止步於此的話，世間的生活和修行就全都變得空洞無益了，所以斷不可如此。

因此，接下來就必須要否定空諦。於是，就出現了「假諦」——假定的真實，即「世間本來即是『空』，出現在世間的事物是『假定』的，但也是存在的。人在世間進行靈魂修行，就必須承認這個假定的存在，並在其中生活下去。因此，絕不能一味地否定這種存在。

人生的確是如夢如幻，但我們實際在其中生活也是不爭的事實。所以說，否認這個事實也無法獲得真理。總之，否定空諦以後，將得到『假諦』——雖是假定的真實，但也必須考慮這個真實的人生。」這個道理在哲學當中，叫做存在主義。像這樣承認世間的存在，認為「世間對自身的靈魂修行是有好處的」，就必定能從中找到積極意義。沒有努力，就沒有做為人的進步，即必須承認世間也是一個虛假的真實。

然而，如此發展下去，世間又將會變成一個安逸的世界，從而迷失了靈性的真相。若是僅僅想著：「世間雖是虛假的，但生活很安逸，我覺得這樣也很幸福。」人們又會對世間產生執念，並且忘記了靈界。

換言之，進入空諦——完全否定的境地後，再對其進行否定，就出現了假諦——假定的真實。此後，還要對假諦進行否定。

否定假諦以後，又將出現什麼呢？那就是「中諦」——中之真實。既不執著於「空」，也不執著於「假定」，這個「中」當中才有著真實的生活方式。

這就是天臺大師講述的空諦、假諦和中諦的三諦思想，而且，他認為將三諦融合為一之中才存在真實。這可稱之為「三諦圓融」（也稱「圓融三諦」），他還講述了「在這三種觀點相互融合的過程中，即可發現真實」。

因此總結起來，可得到以下結論：

「靈界的確是存在的，對此不可不知。與此同時，亦不可完全地無視世間的人生態度。世間的人生態度與靈界生活密切相關，在世間的人生態度也是至關重要的。人需要在世間進行靈魂修行，並磨練自己的靈魂。因此，各位必須重視世間，然而，此時亦絕不可忘記靈性的世界。總之，思考靈界之時不可忘記世間的觀點，思考世間的修行之際不可忘記靈界的觀點。雖然心總是徘徊於空諦與假諦之間，但不可停留在其中一方，必須從雙方當中找到中間之道。在這種融合的境地當中，就會出現中諦。」

這個中諦，就是天臺大師所理解的中道。他對中道的理解，追根究柢就是「在世間生活的同時，要知道靈界的真相。在知曉靈界真相的同時，還要在世間找到積極的生存意義，並不執著於此，而是關注靈魂的進一步發展。三諦圓融之後的中道的生活方式，才是符合靈性人生觀的人生態度。」

這與本章開頭所闡述的「享樂當中無真實，苦行當中亦無真實」的結論，其實是一樣的。在享樂當中尋求真實的想法，必定會轉向唯物論的方向，從而認為世間就近乎於實在。反之，苦行的世界就會變成否定世間，所以若是進一步發展的話，就會變成否定肉體和物質的世界。

但這兩者之中都沒有真實，只有中道當中才存在真實。對此，本節透過空諦、假諦、中諦的三諦思想進行了說明，即不可忘記蘊藏著靈性實相觀的生活、世間的人生態度，並從靈性的人生、靈性的觀點進行的思考。

因此，如果說「此刻我在此」的話，就要時常不忘抱持著靈性的觀點，以及世間的發展、繁榮、進步的觀點，從這兩個方面看待「此刻我在此」的同時，不斷努力精進，這樣才能獲得「始於中道的發展」。

第二章

小乘與大乘

1 菩薩的條件

本章選擇了「小乘與大乘」做為題目。

我第一次使用這個詞，是在幸福科學的第一次講演會上，也就是一九八七年舉辦的初次講演會「幸福的原理」，當時我講述了「從小乘邁向大乘」的內容。在此，我想要說明這個「小乘」和「大乘」到底是指什麼。

釋迦在世時，佛教教團的教義沒有小乘、大乘之分，人們都在釋迦的教導下學習並且傳道。換言之，最初佛教兼備著小乘和大乘的特性，但其主要形態是以出家修行為中心。在釋迦向出家修行者講述教義的過程中，弟子之間漸漸出現了實力的差距，而釋迦也承認了這種差距。

這種實力差距是根據什麼來決定的呢？其一是「法臘」，即成為了弟子的年數。其二是覺悟的程度，當然這一點是更為合理的判斷依據。

幸福科學當中常提到「阿羅漢」（梵文「arhan」的音譯），是否變成阿羅漢存在著很大的區別，因為成為阿羅漢，就意味著完成第一階段的修行。

修行者能成為阿羅漢的時間並無具體規定，這是依據此人的心境、學習方法而決定。而且，要認定一個人成為阿羅漢時，首先是由師兄推薦「這個人已經成為阿羅漢了」，然後再由釋迦親自認定。

總之，釋迦教團對於弟子的判斷基準，一個是看修行的年數，另一個則是看是否成為了阿羅漢。

當然，除了阿羅漢以外，還有著許多階段。首先，最低級的階段稱為「預流」，即堅信佛陀的教義，剛進入修行過程的階段。

往上是稱為「一來」的階段，這是再一次轉生修行就能夠成為阿羅漢的階段，即「這一世或許無法成為阿羅漢，但因為做出了一定程度的努力，再轉世一次就有可能成為阿羅漢。」——如此程度就是「一來」。

再往上還有稱為「不還」的階段，這是累積了一定程度的修行，並確立做為專業修行者的身份，與普通人有著明顯的區別。經過了五年、十年、二十年所掌握的修行態度、學習程度，不輕易退轉，這就是「不還」。

換言之，被迫在欲界六道輪迴的命運將於這一階段完結，來世就會前往精神性更高的世界——「色界」。其結果就是，今後不會再受欲望驅使而轉生到世間，所以稱為「不還」。因此，當下一次轉世時，就將帶著使命，有自覺地轉生到世間。（在佛教當中，曾教導「一旦達到『不還』的境界後，就不會再轉生。」但這種觀點是錯誤的。當時印度的轉生輪迴思想還認為「人死後四十九天之內，將做為人或動物再次轉生」，這種想法也非常地極端。實際上釋迦的本意是「一旦達到『不還』的境界、精神高度後，就可以在高級靈界度過充實的靈性生活。然而，關於數百年後還將轉生世間的想法是一樣的。」）

不過，「不還」並非是終結，在此之上還存在「阿羅漢」的階段。也就是學習階段已經結束，為內心除垢的工作亦已經完成，開始從後腦勺發出後光的階段。而且大多數達到這個境界的人，心靈之窗已經敞開，能夠接收到守護靈的訊息。總之，到了這個階段，自己的煩惱就已經消除乾淨了。做為修行者而言，這就是最高階段了。自此為止，皆屬於個人的修行，做為每個人自己的勤勉學習，或是反省修行，就存在以上這些階段。

再往上的階段，就是菩薩界。菩薩，當然也是阿羅漢，若非是阿羅漢，就不可能成為菩薩。為了成為菩薩，就必須先符合阿羅漢的條件，並同時能夠教化和指導他人，實際擁有拯救力，並付諸實踐。一面維持阿羅漢的心境，一面累積拯救他人的實踐行為，並創造出實際成績，這樣的人才能成為菩薩。

因此，雖然有人不做修行，「從河中救起了溺水之人」也通常被稱為「菩薩行」，但這並不能稱為「專業」的菩薩。所謂專業的菩薩，首先在學習方面當然要紮實，並在一定程度上完成了個人的修行。此外，還必須在拯救人類、救助眾生方面取得一定的成績才行，這就是成為菩薩的條件。有人無視自己的修行，光去拯救他人，雖然此人以為自己在救助他人，實際上卻是很危險的事情。

這就是他力信仰的錯誤之處，很多人一邊說著「我來拯救大家」，結果卻在不知不覺中變成了純粹的買賣活動。在此人說出「我來拯救大家的不幸」

時，或許是真的想要拯救他人，但實際上，對方卻並沒有獲得拯救。因此，這就不算是菩薩行。

比如說，有人對眾人說道：「從這塊土地噴出來的水是聖水，喝了這聖水、功德水，就能治癒疾病，得到拯救。」並且此人很努力地配發這種水，自以為是在遂行菩薩行。但實際上，如果這種水沒有真正的救治功能，那純粹就是欺詐行為。就像這樣，忽略自己的修行，還自以為是地拯救他人的人相當多，這是非常危險的階段。（很多新宗教都降低了標準，誘惑眾人只要「引導他人」就能立刻成為「菩薩」。而這些「菩薩」在幸福科學看來，多數只有「五次元」靈魂的水準，其原因大多是依循教祖的低層次覺悟來判定弟子的水準。）

2 釋迦在世時的弟子們

總而言之，釋迦的觀點就是：「首先必須打造自己，然而一味打造自己的話，人皆會變得自私。因此，教化和拯救他人是必不可缺的。只有具備了這兩點，才能成為真正的修行者。」

當時，釋迦並沒有使用「菩薩」一詞，事實上，這個詞本身是後世才出現的，且主要是大乘佛教的人們在使用。人們將為了成為如來，而進行修行之人稱為菩薩。不過，如此思想在釋迦在世時就已經存在了。

當時的弟子們，進行了修行、學習、托缽，並且到四處傳道。而他們傳道的內容，就是給予眾人引導。在這個意義上來講，釋迦在世時就已經有了菩薩行。

在那個時候，釋迦就常常教導弟子「不可二人同行，必須一人前往」。換言之，「若是二人前往不同的地方，就能夠接觸、拯救到更多的人。因此，必須一人前往」。正因為一人前往，才能得到更好的修行，能夠沉痛地感到自己學習不足，必須忍耐孤獨、戰勝不安和無力的感覺，從而拯救眾生。因此，必須一個人出發。

若是二人同行的話，就會互相吹捧。比如說，二人可能會像演戲一般，互相抬舉「我們可是釋迦教團的高徒」。一個吹捧說「你真了不起，是釋迦的十大弟子之一」，另一個也不謙虛道「沒錯，就是如此」，如此培養出向眾人宣講的演技。然而一個人前往的話，如此演技就會失效，只能全憑個人實力。也因為這個因素，釋迦總是對弟子們說，做為傳道的精神「不能二人同行，必須一人前往」。

當然，耶穌．基督之所以派遣弟子們二人一組去傳道，是因為曾出現過危害生命危險的事情。與此相對，釋迦教團的聲望高，即便是一個人去傳道也幾乎沒有生命的危險，這也可以說是熱愛和平的思想力量吧！（不過，釋迦在晚年制定了新規則《涅槃經》，上午可以一個人到街上化緣，但是下午和晚上就必須要有同行者。）

因此，自我修行固然重要，但拯救他人也是不可或缺的，釋迦在世時就是如此教誨弟子的。

在釋迦涅槃以後，弟子們齊聚一堂，對佛典進行了整理。雖說是佛典，但因為那時還沒有文字，所以大家就聚集在一個洞穴裡，背誦自己所記的內容。

其中，阿難擔任釋迦的侍者長達二十五年，對佛經的內容記得非常清楚，其他弟子就聽他背誦，待大家確認無誤後就將其記住。還有一名叫做優波離的弟子，對戒律記得很清楚，所以關於戒律的部分，就以優波離所背誦的為基準，大家進行記憶。

當時，弟子的學習就是記誦經文的內容，也就是背誦釋迦說法的內容。此外，還有個人的反省行，以及對眾生進行說法的部分，這些就是他們學習的內容。

從這些方面來看，幸福科學的教義既有印刷成書，亦有錄製成錄音帶、錄影帶，對於弟子而言，可謂是實現了前所未有的現代化。一般來說，有了這些現代化的工具，弟子就沒有太多工作的餘地了。以前是因為沒有這些工具，所以需要弟子牢牢記住教義，以便能向眾人講述「在第一次的講演會上，釋迦進行了這樣的說法」。但現在有了錄影帶等，所以對弟子的要求也更高了，不僅要背誦教義，還要進一步解說其內容。或者說，光是講述內容還不夠，必須要進一步解釋該教義的本質，現今對弟子的要求達到如此高的程度。

釋迦涅槃後，弟子們記誦他的教義，透過口耳相傳的方式將教義傳承了下來，而做為經書流傳下來，是經過二、三百年以後才出現的。比如說，在名為貝多羅樹的長條狀葉子上書寫經文，並在葉子上穿孔，將它們連接在一起，就形成了後來的「貝葉經」，也就是最原始的佛教經典。在此之前，全部是藉由背誦傳承下來的。

不過，當時的印度人背誦能力相當強，對細節部分都記得很清楚，常常是背誦的比寫下來的還要正確。

3 小乘佛教與大乘佛教

隨著時代變遷，弟子們開始擔心「如此下去的話，釋迦的教義有可能會流失」，所以就多次聚集起來，對內容進行了確認鞏固。最初是以形式上的鞏固，比如說，有著「比丘二五〇戒」、「比丘尼三四八戒」等嚴格的戒律。此外，還有人原封不動地保留釋迦生前的形式，以避免被篡改的危險，經文的內容亦是原封保留，以便完整保存釋迦的教義。

這些人在佛教的初期是十分強盛的教團，後期被稱為小乘教團。小乘教團的人們，是非常重視戒律和修行形式的集團。換言之，小乘的人們屬於出家教團，他們全部都是出家人。與釋迦在世時一樣，他們認為只有出家者才能進行修行、獲得覺悟，且遂行活動的主要目的，就是原封不動地維持釋迦當時的教義。

此外，這些內容做為經文流傳到現代，一般被稱為《阿含經》，或者是《阿含經典》。所謂阿含經典，就是對小乘佛教的經典的總稱。因此，「阿含」具有非常廣泛的內容。小乘信徒所信奉的所有經文，都可稱之為「阿含」。

阿含經典，大多是透過巴利文所編寫，巴利文是古印度的日常用語、會話語言之一。基於巴利文寫成的經文叫做《阿含經》，以阿含經為中心的教團就稱為小乘佛教的教團。

後來，這種教義下傳到南方，史稱「南傳」，藉此做為「南傳佛教」，或者說「南方佛教」，傳到了斯里蘭卡以及東南亞各國。現今在緬甸和泰國也有許多的僧侶，但他們都屬於小乘佛教，所以非常重視戒律，原則上還不允許結婚。小乘的原則就是「恪守以往流傳下來的戒律」，這即為南傳佛教。

自此之後，漸漸形成了以梵文為中心的佛教經典。所謂梵文，就是在印度的語言當中，為了正式書寫經典而創造的人工語言。在這個意義上講，這與拉丁文有著相似之處。有許多大乘經典，就是基於梵文的語法寫成的。這就是「北傳佛教」，或者說「北方佛教」，也就是從印度的北部傳到了西藏、中國、以及日本的佛教。傳到日本的佛教幾乎都是北傳佛教，亦可稱作「大乘佛教」。

因此，從成立時間上來看，是先有小乘佛教，此後再經過了大約二、三百年，才出現了大乘佛教。大乘教團是在西元前一世紀到西元一世紀之間成立的。在這段時間所出現的即是大乘教團所編撰的眾多經典，但在此之前的二、三百年，主要是以小乘教團為中心遂行著宗教活動。

若以基督教來打比方的話，就是先有耶穌的教義，人們將這種舊的教派稱為天主教，後來到了中世紀，就出現了發動宗教改革的人們——新教。

如今，這兩者做為不同的教派遂行著活動。但從天上界而言，這兩個教派都是由耶穌進行指導的。由於時代改變了，耶穌認為「現在需要新教的思想」，所以就親自指導新教，派遣了光明天使來建立新的宗派。

小乘和大乘也有著相似之處，在初期的小乘佛教當中，有很多人曾準確地聽聞，並傳誦過釋迦在世時講述的教義，所以就以嚴格遵守的方式遂行活動。但這漸漸流於形式，流失了內容，亦失去了本來的精神，比如說佛教的慈悲精神等等，而僅僅流於形式了。因此，那時的佛教迫切需要進行改革。

換言之，大乘教團在當時是一種新興宗教，由於「舊的佛教已經無法拯救眾生，所以需要建立新的佛教」，因此大乘佛教就漸漸興盛起來了。現代的新宗教、新興宗教，就相當於那時的大乘佛教。

4 拯救大眾的大乘佛教

那麼，大乘和小乘的內容，到底有何區別呢？

我想首先必須對這個詞進行解釋，所謂「乘」，就是乘載工具的意思。「小乘」就是指小型的運載工具，而「大乘」就是指大型的運載工具，這就好比是車和船一樣。總之，當時是將教義（教理）比作乘載工具。

當然，小乘教團是絕對不會稱自己是「小乘」的。這是在大乘教團出現以後，才開始貶低前人說道：「他們是小乘，我們可是大乘，是大型的運載工具。」這麼說的話，更有利於自己的發展。換言之，是後來之人將前人稱為

「小乘」的。

那麼，這些前人們是如何自稱的呢？他們稱自己為「上座部」，意思就是嚴格信奉釋迦教義的團體，屬於保守的一派。與這個「上座部」相對的，是「大眾部」，他們對戒律相對寬容，後來發展為大乘運動。（近來非常盛行「平川說」，認為大乘佛教是由在家信眾的佛塔信仰演變而來，但這種說法是不妥的，大乘佛教擁有大量的經典，這一定出自專業出家修行者的工作。我做為一名宗教家，亦堅信「若是沒有一名建立強大能量磁場的宗教家，新的教義就不可能發揚光大」。光從對事物的崇拜當中，是不可能產生自發的宗教改革的。）

大乘教團稱對方為「小乘」，其實是在同情、蔑視他們。究其原因，是因為「小乘教團只熱衷於拯救自己」。而且，這個「自己」僅限於「出家者」，只有出家者才能夠覺悟，只有出家者才能夠從痛苦中得到拯救。如此一來，在家之人就完全不能得救了。那麼，在家之人就只要對於出家者進行佈施、供養就好了嗎？這樣就夠了嗎？

因此，大乘佛教正是本著「拯救大眾」的宗旨，開始了宗教的民主主義化，也就是說，大乘佛教將焦點放在了在家之人身上。他們認為「只有出家者能夠得救是遠遠不夠的，這無法達到拯救世人的目的，我們還必須拯救在家之人」。正是這種包含了在家之人的教義，使得大乘佛教日益壯大。

實際上，大乘佛教得以興盛的背景當中，有著「出家者們一味追求自己的哲學和論理學，使得他們的話語失去了拯救他人的力量」，以及「他們被戒律所束縛，只流於形式主義」等現實原因。因此，新的佛教也就應運而生了。

小乘佛教主張「大乘非佛說」的理論，認為「大乘佛教不是釋迦的教義，不是佛說、不是佛教」。但大乘佛教，當然也是得到來自天上界的釋迦的指導才產生的，因此「大乘非佛說」是錯誤的。這個新的方向，也是從天上界降示、建立的。由此，大乘佛教才做為拯救大眾、大型的運載工具誕生了。

總而言之，小乘就是主張「必須自己出家、修行才可得救」，而大乘則是認為「佛教的教義是大型的運載工具，所以不管是五百人還是一千人，只要坐上來都能被送到靈界的彼岸。因此，請坐上來吧！這樣就可以前往彼岸了。」教義是非常寬容大度的。

那麼，大乘教義是如何展開的呢？比如說，《法華經》的教團就是其中的代表宗派，他們主張「誦讀《法華經》就能得到拯救，只要受持就可得救，即便說釋迦的惡口也不會下地獄，但是說《法華經》的惡口就會下地獄。」對經文的崇尚達到了極端的程度。再比如說，淨土宗亦是如此，他們認為讀誦「淨土三部經」，即《無量壽經》、《觀無量壽經》和《阿彌陀經》，或是唱頌阿彌陀佛的名字就可以得到拯救，如此大眾化的宗教即可稱為大乘佛教。

然而，萬事皆有兩面性。小乘佛教嚴格奉行釋迦的教義，所以在某種意義上形態保存得比較完好，而大乘佛教大眾化的結果，不可避免地會變成商業化，成為「希望盡可能拉到更多的客人」的型態，並且越來越激烈。

比如說，由只要唱頌「南無阿彌陀佛」就可得救，升級到了「佛陀在各位唸佛之前就能感應到」，再到「只要發心就可得救」，甚至到了「即便是不發心，惡人亦可得救」，商業氣息越來越濃重。為了不斷擴大規模，做到了這種程度。

做為精神可以理解，但其結果真是如此嗎？他們並沒有嚴謹地去確認「對方是否真的得到了拯救」。大乘佛教雖然至此得到了極大的發展，但後來也漸漸墮落下去了。

佛教大致可分為大乘和小乘，另外還有一個流派叫做密教。嚴格地講，或許這是不可以歸入大乘佛教的。大乘佛教主要是在西元前一世紀到西元一世紀之間產生，而密教是出現在西元七世紀左右的印度，比大乘要遲很多。

這個密教雖然也稱為佛教，但實際內容當中有著許多非佛教的部分，是以古印度的印度教的教義為母體，並以現世利益和靈能信仰為中心的宗教。因此，傳到了印度、中國的密教，嚴格來說，與釋迦講述的佛教有著許多不同之處。佛教為了留存下來，所以進行了變革，溶入於印度的傳統宗教當中，於是就形成了密教。

就日本而言，佛教為了留存下來，所以就接近神道教，後來又融入於修驗道之類的宗教，於是就形成了密教的形態。

然而，這個密教在中國的最盛期，以及傳到日本的空海大師之時，就出現了獨自的教義，轉變成一個應該予以好評的宗教。

但印度等國家原有的密教，後來變成了墮落的宗教，從而成為佛教走向末期的誘因。他們開始宣揚與釋迦的教義完全背道而馳的理論（比如，積極地肯定性欲），在行動上、在教義上都變得很極端，也因此最終走向了墮落直至消亡。

5 上求菩提、下化眾生

前面講述了大乘和小乘的歷史，若是對其內涵的精神進行概括的話，那就是「上求菩提、下化眾生」。也就是說，向上無限地追求覺悟（上求菩提），向下盡可能地拯救（教化）更多的人（下化眾生），這句話可謂是濃縮了佛教的根本精神。

其中，「上求菩提」是小乘佛教的中心概念。一旦決心追求覺悟，就難免會想要避免和世間接觸，並最終走向做為出家者的修行道路。

此外，「下化眾生」就是一旦決心拯救眾人，就不能過度拘泥於戒律，而必須與眾人成為一體才能救人，或者說，必須盡可能地促使更多的人產生宗教心。如此一來，雖然釋迦講述了八萬四千條教義，但即便是降低水準到「那些教義都無所謂，只要有『南無阿彌陀佛』就夠了。只要有《法華經》就行了」，也必須要與更多人結下法緣。若是「下化眾生」發展到極端的話，就會走向這樣的狀況。

這兩種情況，過去的佛教都曾經歷過。而現在的佛教，也幾乎是失去了生命力。因此，回顧佛教本來的宗旨，就會很明確我們現在必須做什麼。那就是「上求菩提、下化眾生」。

人總是流於安逸的方向，所以喜歡偏向某一方。當方向性定下來以後，就會比較輕鬆。

提及「上求菩提」，就有人說「明白了，追求覺悟就行了。既然如此，那我就斬斷世間的一切，躲在山裡修行」。這在某種意義上是很輕鬆，但這麼做是放棄了對於世間的責任。

有個說法叫做「十二年籠山行」，就是進入深山，不看電視也不看報紙，長達十二年，對人世間的事情一概不知，只是躲在山中的寺院裡進行修行。這種人的存在當然是不妨害別人，但是也毫無拯救他人的能力。

反之，「下化眾生」當然是好，然而隨處可見那些拚命商業化、世俗化的僧人，他們放棄了佛教本來的教義，既不進行學習，也不去修行，只是一味地推銷自己。這樣的僧人如今橫行世道，各位必須加以警惕。

因此，我們必須朝向統一這種矛盾的方向努力精進，並且不畏懼這種矛盾，切不可忘記追求這種統一性的姿態。

換言之，佛教畢竟是一個追求覺悟的集團，同時也是一個希望盡可能地拯救更多人的集團。這是佛教的根本思想中原本就存在的精神，兩者缺一不可。

此外，做為修行者，必須持有嚴格要求自己的態度，也就是說，在修行之心、追求覺悟的態度上，要嚴以律己。同時，為了拯救他人，必須以溫和的態度對待他人。這種「嚴於律己、寬以待人」的態度，其實就是「上求菩提、下化眾生」的態度。

但一般情況下，人們都是對自己鬆懈，對他人也鬆懈；或是對自己苛刻的話，對他人也苛刻。對自己鬆懈的人，對待他人也常常會說：「不用那麼努力啦！」這是必然的。比如說參加考試時，成績很差的人一般都會跟他人說：「不用那麼努力學習也無所謂，人只要擁有純淨的心靈就好了。」總之對自己鬆懈的話，對他人也會一樣。反之，對自己嚴厲的人，一心只想著考試，對他人也會要求：「不管是什麼樣的狀況，考試必須拿到滿分。」不過這種想法也太偏激了，我們必須做到不偏不倚，並兼顧這兩者。

因此，做為基本的修行態度，重要的就是「在修行過程中要嚴以律己，絕不可放縱。同時，要盡可能對他人抱持慈愛之心。這種慈愛之心，也不能是單純的驕寵，而是要帶著智慧實踐施愛」。

小乘佛教和大乘佛教至今都還存在，但我們現在要做的就是回歸原點，朝向「我們既是一個追求覺悟的集團，亦是一個救助他人的充滿愛的團體」的主旨，努力融合這兩個向量。要融合這兩者，就是修行者的決心。修行就取決於決心和態度，一旦放縱自己，那就會功虧一簣。

第三章

何謂涅槃

1 涅槃與解脫

本章將對「三法印」中的「涅槃寂靜」進行論述。

在三法印當中，第一個就是「諸行無常」。這是有關於「世間的一切都是無常的、不斷變化的，切不可執著於此」的教義，也就是解釋世間的虛幻，世事皆在變遷的無常性。

第二個是稱為「諸法無我」的教義。這與「一切皆空」的思想很接近，也就是說「世間的存在、萬事萬物，一切皆為『空』。本來就只有靈魂存在是實在的，除此之外的事物都是沒有實體的」。

總之，「諸行無常」和「諸法無我」都是教導人們不可執著。這個三法印的「法印」，就是指教義的印記、標記的意思，也就是說「講述這三個教義的，即可認定為佛教」的標記。這三個都是關於戒除執著的教義，代表著佛教的中心教義就是「斬斷執著」。

那麼，第三個教義「涅槃寂靜」，到底是指何意呢？這就是本章的主題。

首先，我想從「涅槃」這個詞的意思開始解說。「涅槃」這兩個字比較難寫，是來自梵文「nirvana」，或是巴利文「nibbana」的音譯，所以漢字本身並沒有特殊涵義。聽中國人讀這個詞，的確是和這個發音比較接近。

這個「涅槃」，在佛教中表示一種終極的目標。「涅槃」可以說是佛教的目標或目的。

此外，「涅槃」這個詞也可以用「解脫」來代替，這兩個詞幾乎可說是同義詞。

然而，嚴格來說，「涅槃」和「解脫」在語義上還有著若干微妙的區別。我們可以從動態的角度加以區分，「解脫的結果，或者說解脫之後的境界，可稱之為涅槃，而解脫本身是指達到涅槃的過程」。因此，解脫以後的結果就是涅槃。這兩者幾乎是同義詞，但還是能找到其細微的差別。

所謂「解脫」，就是指從世間的束縛、肉體的束縛當中解放出來，變成自由的狀態，即獲得靈性的自由，這就是解脫。此外，解脫以後的結果、到達的境界，就是「涅槃」。

2 佛陀之「燃燒之火的說法」

接下來，讓我就這個「涅槃」進行更詳細的解說。「涅槃」的語源「nirvana」，原意是指「吹滅」，或者是吹滅之後的狀態。在漢語中，也將其稱為「滅盡」。

若是問將什麼吹滅呢？那即是將迷惑吹滅。也就是說吹滅迷惑，或是象徵迷惑的煩惱之焰、煩惱之火。

到底何謂煩惱之火呢？其代表就是所謂的「心之三毒」——「貪、瞋、癡」。這三項可以稱為煩惱的代表。

煩惱，即是負面精神作用的總稱。正所謂「百八煩惱」，就是說煩惱太多以至於數不勝數。總之，煩惱就是人們產生的負面精神作用。諸如負面的波動、想法、思考方式，以及基於這些想法的行動，這樣的精神作用可統稱為煩惱。

做為煩惱的代表，就是名為「貪、瞋、癡」的心之三毒。換個詞來說，這也可以稱為「三火」——三種火。

那麼，這個「火」又是象徵著什麼呢？

佛陀曾有過一次著名的說法，稱為「燃燒之火的說法」，這場說法常常與耶穌的「山上垂訓」相提並論。

當時，在「事火外道」，即掌管火的外道（「外道」就是指非佛教徒），存在以優樓頻螺迦葉、伽耶迦葉和那提迦葉，這三迦葉為首的三個兄弟，他們旗下有弟子千餘人。然而，當時僅有數十名弟子的佛陀，卻折服了崇拜火、祭祀火的迦葉三兄弟，於是佛教教團一躍發展成千人以上的教團。因此，佛教就一舉成名。

那時，佛陀將那些事火外道聚集起來，進行了以下的說法。

世界的所有都在燃燒。
縱觀世間，一切皆在燃燒。
萬事萬物都在燃燒。
那是透過何種火焰而點燃的呢？
那是藉由人心產生的煩惱之焰點燃的。
火，象徵著熊熊燃燒的煩惱。

切不可崇拜火。
你們是以崇拜火為修行，
但火本身並不尊貴。
火本身，
就是你們內心的煩惱，
正熊熊燃燒的樣子。
不可尊崇這種火，
要撲滅這種火才為重要。

世界的所有，
都是因為你們的煩惱，

因為世人的煩惱而燃燒著。
這就是世間痛苦的根源所在。
唯有將這火吹滅的狀態，
才是靜寂、清淨、清澈的境界，
這才是修行者應該追求的境界。

因此，你們至今都在奉行錯誤的教義。
從今以後，要依循我的教義，
進行正確的修行。

釋迦以如此主旨進行了說法，我想這就是「吹滅」一詞的涵義。

總之，人充滿了「貪」——不知滿足的欲望，以及「瞋」——動輒發怒，即遇到不合心意的事情就大發雷霆，得不到想要的東西就怒髮衝冠，還有著「癡」——愚癡的代表。

這般的貪婪之心、瞋怒之心、愚癡之心，就是致使人們痛苦的元兇。

3 涅槃寂靜的境界

追根究柢，「涅槃」就是消除了以世間的肉身為中心的煩惱之後，所達到的狀態。我想各位應該明白，這其實等同於阿羅漢的境界。做為修行者到達阿羅漢的境界，也就表示獲得了涅槃的境界。

涅槃的境界，就好比是以下所述的感覺。

山腳下有一片靜寂美麗的湖泊，湖邊一個人也沒有，寂靜無聲。這片湖非常透明，清澈見底。若是在湖面泛舟，朝向湖底看去，可以看到白色的貝殼和砂石。

這些貝殼和砂石，其實代表了世間的痛苦。各位做為人在世間生活之時，常會遭遇各種的苦楚，很多人都在痛苦當中掙扎。然而到達涅槃的境界之後，看待世間的痛苦，就宛如透過清澄透明的湖水看湖底的貝殼和砂石一般，這就是「涅槃寂靜」的境界。

雖然還生活在世間，但不會為了痛苦糾葛不休，而是彷彿看著透明湖底中的貝殼一般，感到「啊！原來我是在這個地方痛苦啊！這就是肉體的迷惑所引起的！我必須遠離這些迷惑。從靈性的角度來看，就能看清自己的痛苦」，總之，就是用達觀的心態去俯視自己的痛苦，看透自己的痛苦。也就是說，用實在界的角度去看待世間自己的狀態和苦惱的根源，這就稱之為「涅槃寂靜」的境界。

因此，雖然在人生的旅途上會遇到各式各樣的痛苦和煩惱，但若是在活於世間之時，就進入涅槃的境界，此人就能如方才所述，用實在界的角度去俯視自己的煩惱和痛苦，而不會拘泥於此，能夠跳出去看問題。若是成為阿羅漢，就能夠到達這般的境界。

4 兩種涅槃

本節將對「涅槃」進行更詳細的說明。

涅槃可分為兩種，涅槃的境界稱作「涅槃界」，所以也可稱為「兩種涅槃界」。

第一種是「有餘涅槃」，也叫做「有餘依涅槃」，不過，通常都稱為「有餘依涅槃」。「依」是指依據、依存的事物，也就是說，依存在某種事物上的涅槃，就叫做「有餘依涅槃」（也叫做「現法涅槃」）。另一種涅槃叫做「無餘依涅槃」（無餘涅槃），是指不依存在某種事物上的涅槃。

那麼，它是依據、依存在什麼事物上呢？那就要看它是否依存在身體即肉體的外形上？是否存留了下來？換言之，若是進入涅槃境界時，還留存著身體，以及世間的精神作用、頭腦作用等人的屬性，或是身體的汙穢，就稱之為「有餘依涅槃」。反之，若是沒有身體的汙穢，那麼死後也將沒有汙穢。在這種狀態下死去、進入涅槃，就稱之為「無餘依涅槃」。

「有餘依涅槃」，也可稱作「生前解脫」，即在有生之年進入了阿羅漢的境界。而「無餘依涅槃」，也可稱作「離身解脫」，所謂「離身」，就是指靈魂離開身體的意思。

這兩種涅槃的境界，分別稱之為「有餘涅槃界」和「無餘涅槃界」，所謂「界」，就是「境界」的意思。

這是兩種「涅槃」的形態，一般情況下，提及「進入涅槃」，常有人理解為死亡，但是純粹的死亡並不構成真正的人生目標。佛教的前提是「在活著的時候進入涅槃」，這亦是修行的前提。在有生之年能夠達到和死後的世界完全一樣的安寧境界，這就是涅槃的思想，所謂生前的涅槃，就是這個意思。

除此之外，比如說還有「般涅槃」（parinirvana），這個「般」，是梵文「pari」的音譯。有一部經文叫做《大般涅槃經》，在「般涅槃」前面加了一個「大」字，指的是「完全的涅槃」，或者說「解脫之人的死亡」。這跟普通人的涅槃境界有所不同，是指已解脫之人捨棄肉身的外衣，最終真正地進入了最後的涅槃。也就是說，般涅槃是指「已解脫之人的死亡」。

比如說，當甘地這般的偉人去世時，亦曾使用過這種說法。「進入般涅槃的境界」，就是指這般偉人的辭世。生前就已經開啟了相當覺悟的偉人，辭世時就可稱之為般涅槃。

5 何謂無住處涅槃

此外，與「涅槃」相關的詞彙還有「無住處涅槃」，本節將就此進行解說。上一節講述了「涅槃」的涵義，以及「有餘涅槃」、「無餘涅槃」，這些詞都與覺悟有著密切的關係，並且屬於小乘佛教的思想。

「小乘」，就是指以出家者為中心的修行形式和教義，它是以出家者為主，對於在家人士則考慮甚少。與此相對，「大乘」是以在家者為對象的佛教，「向在家者弘揚佛法」，就是大乘佛教所展開的運動。大乘佛教主張「只將佛的教義限定於出家者的狹隘範圍是不可取的，應該向所有人敞開佛教的大門」，屬於對於在家者開放的教義。大乘佛教持有非常宏大的拯救觀點，不過，在修行方面就稍嫌薄弱。佛教當中存在這兩個方面，這一點在前文中也有所敘述。

無住處涅槃，就是大乘佛教當中產生的關於涅槃的思想。

涅槃本來就是佛教的中心思想，在某種意義上說，這是小乘佛教的核心部分。也就是說如果以成為阿羅漢為目標，對此毫無保留地認同的話，大乘佛教就會失去其論據或根據了。若是各位都一味以透過修行獲得解脫、脫離肉體束縛為目標的話，那麼就無法興起對在家人士弘法的運動了。

那時，印度出現了大乘佛教中興的鼻祖，名為無著和世親（兩人為兄弟，西元四～五世紀的人物）。他們提出了「不對涅槃思想加以修正的話，就無法繼續大乘運動」，並主要宣揚了這個「無住處涅槃」的思想。

正如字面意義所示，無住處涅槃就是指「不停住的涅槃」，但這樣可能還不好理解。所謂「不停住的涅槃」，也就是既不停留在生死、亦不停留在涅槃的涅槃。

在佛教當中，「生死」一般是指輪迴的世界，即反覆在欲界的轉生。回到靈界、又降生到世間，如此不斷地轉生輪迴，被輪迴的桎梏所束縛的世界，就稱之為「輪迴的世界」，或者說「迷惑的世界」。這般的世界，常用「生死」一詞來表示。

他們開始提出「有一種涅槃，既不停留在迷惑的世界當中，亦不停留在小乘佛教所指的覺悟世界——清淨的、清澈的涅槃世界中」。

這是大乘佛教的菩薩境界，亦是積極達觀的涅槃觀。這種思想對小乘佛教持批判的態度，主張：「我們不願意如同小乘佛教那般，為了達到涅槃的境界而一味坐禪、過度安逸，也不願意死後回到靈界，一直待在與世間完全無緣的高級靈界，我們的主要目的在於拯救眾生。

「既然是要拯救眾生，就是要懷著大慈悲，時常思索著拯救之事，所以我們既不希望在有生之年得到解脫，進入涅槃境界，亦不願意死後進入高級靈界，從此不思索拯救他人。事實上，即便是能夠成為如來、菩薩的人，也會刻意地前往迷惑的世界，比如地獄界、幽界、善人界等展開拯救工作，且是喜悅地轉生到世間，拯救地上的人們。雖然是達到涅槃的境界，但又不停留於此，而是超越生死、超越涅槃，一心朝向拯救邁進。透過慈悲，朝向拯救眾生的方向孜孜不倦地努力，這種的境界就稱作『無住處涅槃』。」

以上就是他們提出的見解。

與此相對，我認為無著和世親的這個「無住處涅槃」的涅槃觀是有缺陷的。若是依循這種思考方式，涅槃本身的前提就不復存在了。

實際上，只有親身體驗過煩惱、肉體的欲望、痛苦的火焰，並且為消除它們而付出了努力的人，才能夠體驗到清淨的涅槃境界。正因為自己從那種痛苦當中成功脫離出來了，才能夠指出其他的人們被這種火焰所包圍的狀態，並教導他們如何「消滅這種火焰」。因此，若非親身體驗過涅槃的境界，就不會瞭解他人正被煩惱的火焰所包圍。

一般的宗教團體，都自稱是救助他人、行拯救之事。然而，若是對上述理論理解得不夠透徹，很多時候都是欲救人者本身處於急需救助的狀態中，有很多的宗教團體都存在這個問題。

大乘佛教的理想本身是很好的，但這其中還牽涉到拯救者一方的「質」的問題。這些人們若沒有體驗過涅槃的境界、從煩惱當中解脫出來的境界，就無法真正拯救他人。

因此，這個無住處涅槃的思想是非常有趣，並且也很不錯，不過，一旦放任不理的話，就有可能會出現放棄覺悟、一心只專注於事業活動的形態。若非是親身經歷過脫離煩惱的痛苦，就很難瞭解這種痛苦。

從大乘的觀點中產生如此的涅槃觀，這本身是非常值得肯定的，但如此觀點有其極限。不管怎麼說，一邊追求以解脫為中心的涅槃，一邊將自己在這種覺悟的過程中所經歷的事情教導給眾人，這才是身為佛教徒的應有之姿。

6 覺悟的高度和拯救能力

這就是幸福科學所講述的「利己即利他」的部分。

在利己的同時，也必須利他（「利」就是追求覺悟從而獲得幸福感），即發現引導他人的道路，並讓利己和利他兩者並存——這就是幸福科學的教義，兩者缺一不可。

在佛教當中常說利己（或者說自利），光是利己不好，盡是利他也不夠。只有在今生進行修行的同時，亦能夠幫助他人，兼顧到這兩者才能稱得上是完整的人，希望各位將這兩者做為目標。

覺悟和拯救能力有著密切的關係，覺悟越高的人，或是越接近菩薩、如來境界的人，就越能夠向眾多人說法，教化並拯救眾人。因此，覺悟的高度實際上代表著拯救能力的增強。而覺悟程度低的人，比如說若是想要透過四次元、五次元的覺悟努力傳佈佛法，其實也無法拯救很多人。因此，切不可忘記「覺悟的高度決定著拯救的能力」。

在宗教團體當中，小乘和大乘的觀點常會發生衝突。經常可以看到不是偏向某一方，要不就是偏向另一方，讓人感覺有些半吊子。然而克服這兩者之間的矛盾，就能看到中道之道。

若是一味追求自己覺悟的集團，稍不留意就會讓這個「利己」的觀點走向利己主義的方向。只要自己得救就行了——此為釋迦涅槃百年後的小乘佛教的狀態，拘泥於戒律，只追求出家者的幸福，對於在家信眾坐視不管。

於是，在佛教的流派當中出現了反對的聲音，對戒律等相對寬容的人們形成多數派，組成了「大眾部」，並且與「上座部」徹底分裂。這股自由的空氣經過了部派佛教時代，從而興起了大乘運動，這兩方面都是很必要的。

本章針對「何謂涅槃」進行了多方面的解說，但追根究柢，三法印——「諸行無常」、「諸法無我」和「涅槃寂靜」，皆是教導人們「斬斷世間執著」的教義。

「若是執著於以肉體為中心的煩惱，就無法獲得做為人的覺悟，也無法得到真正意義上的幸福。因此，各位不可執著於將流逝的事物，這就是『諸行無常』。」

「各位不可執著於眼所可見、可觸碰的事物等等，這就是『諸法無我』。」

「各位不可認同被以肉體為中心的煩惱之火焰所包圍，將這種火焰吹滅之時所產生的境界，才是真正的幸福之道，這就是『涅槃寂靜』。」

就像這樣，以上三點都是關於「斬斷執著」的教義，勸導人們「在有生之年進入實相世界」。因此，這就是佛教的根本、中心。談論至此，我想各位都應該對三法印頗為理解了吧！

（此外，在有餘依涅槃、無餘依涅槃和無住處涅槃之外，再加上本來自性清淨涅槃〈即自性清淨涅槃〉，可合稱為四種涅槃。最後的自性清淨涅槃，就是內觀各自持有的鑽石般無暇心靈，並悟得這就是自己本來的姿態。）

第四章

空與拯救

1 空與緣起觀

本章將對「空」進行論述。

關於空的內容，在《覺悟的挑戰》（上卷）第五章〈空與緣起〉當中亦有講述過。然而，就重要性而言，那些解說還很不充分，而各位的理解亦尚不充分。因此，我想再次從不同的觀點繼續對「空」進行說明。

人們常說「空」是大乘佛教的中心思想，但「空」的思想絕非是大乘興起的西元前後才產生的。從釋迦在世之時開始，就有過相當於「空」的思想。

在此，我想對「空」的詞義及其重要性做進一步闡述。

對於「空為何物」的問題，有人回答道「空就是緣起」。此外，在一部佛教經典當中寫道「法即是緣起。見緣起即是見法。見法就等於見緣起」的話語。按照這個道理，可以說「法即是緣起，空即是緣起」，或者說「法即空，即緣起」。

當然，它們之間並非是百分之百的重疊，但如此思想的重要性，由此可見一斑。

也就是說，各位可以這樣來理解——「釋迦的法，追根究柢就是在講述緣起。若是問及緣起為何物，只要知道空的教義就能明白其涵義。」這裡面蘊含著佛教的中心概念之一。

當然，做為釋迦的教義，其中包含了前面所講過的「四諦」、「八正道」等，各式各樣的教義，但「緣起」和「空」，可以說是比這些更接近本質、核心的部分。

那麼，「空即是緣起」是指什麼意思呢？

在此，必須要對緣起的思想再次進行整理。「緣起」一詞，也稱作「因緣生起」，依緣而發生，換言之，這是以原因、結果的連鎖反應為中心的思想。

由此可見，做為緣起的出發點，跟時間的流動有著相當的關係。比如說，十二緣起的思考方式就是如此——「有無明就有行，有行而有識，有識而有名色，有名色而有……」，就像這樣持續下去，這很明顯是在時間的流動當中解釋緣起，而十二緣起則是「緣起」的代表性思想。

若是暫且將這般的緣起觀稱作「時間緣起」的話，緣起還存在另一個側面，可稱之為「空間緣起」。（當然，時間緣起和空間緣起都不是佛教用語，而是我自己創造出來的詞語。）

2 何謂空間緣起

那麼，何謂空間緣起呢？從結論上進行闡述，那就是「所有的實相都是靈性事物」。

換言之，「世間的一切事物，雖然看上去是現實存在的，但實際上並非是實在的。本來僅有靈性存在才是實在的，除此之外的一切皆是夢幻的」——如此觀點就是空間緣起的思想。

為了讓人們更好地理解如此靈性事物，接下來我會採取較為唯物論式的說明方式。對於「世間的物體、人和生物等各種事物，都沒有抱持實體」，我將使用各種方便用詞對如此想法進行解說。

比如說，有著這樣的思考方式：

所有的物體，分解之後都會變為分子、原子。如此一來，從這個層次來看時，可以說什麼都「沒有」了，既沒有黑板，亦沒有桌子、麥克風等。如果將所有的物體都分解到分子、原子的層次，那麼原來的桌子、黑板等固有物體都將不復存在。人不也是如此嗎？若是用肉眼來看，就是身高一百幾十公分、體重幾十公斤的人。但如果用顯微鏡看到分子、原子的話，所謂「人」這個實體也就不存在了。

此外，我們每天都在說「我怎麼怎麼了」，然而，獨立的我是真的存在嗎？或者是說「這個東西怎麼怎麼了」，那麼這個物體、個體是真的存在嗎？

如果這樣追究下去，那麼到底是什麼支撐著這個「我」呢？若是從它的要素進行思考，除了方才所講述的，在物理上可分解為分子、原子以外，比如說還有早、中、晚的三餐支撐著「我」。有了這些食物，才會有我的存在。

那麼，這些食物又是從何而來呢？比如說，早餐是吃麵包的話，那個麵包是從何而來呢？為了製作那個麵包的麵粉，是產自哪裡？經過調查，才發現那是澳洲、加拿大的小麥研磨而成的。

接下來，小麥又是誰種植的呢？那勢必是我們素未謀面的外國農民種的。在那裡有著土地，降雨，還經過了施肥，收割的過程。為了收割小麥，恐怕還使用了收割機。而且，還要有從事買賣小麥的商人，以及裝船的人。此外，還要有人造船。經過這樣的程序，小麥才終於被運送到了日本。

進口到日本以後，還有業者進行加工，並製作麵包。麵包再經過一系列的流通部門，才到達了各個商店。客人們去商店買麵包，帶回家裡吃。吃的時候，也不光是吃麵包，還要塗抹果醬。此外，還要喝牛奶，而牛奶又是產自哪裡？牛是哪裡的牛呢……。

這般推想下來，即便是我們每天的日常生活，也是和整個世界相聯繫的。與世界上一百多個國家的人們的各種生活全部有著關聯，今天的「我」才得以存在。

由此可見，「我」的存在、自己的存在得以成立，並非是僅憑自己的主體意志，而是與這個地球上的萬事萬物的活動息息相關。

另外，還有國家的運營。有了日本這個國家、社會和組織，那裡有人工作，得到工資，「我」才能得以存在。

總之，正是得到了生物、非生物，地球上所有事物的恩惠，「自己」才終於得以度過每一天的生活。

3 空與三法印

如此看來，不僅是時間上的時間緣起，從空間緣起的角度來看，也可以發現某物存在於某個地方，是透過許多眼所不見的元素積累而成的。只是看上去似乎存在那裡，但這個物體本身並非是獨自存在的。

僅以人的肉身為例，也是透過麵包、米飯等物體的支撐而得以成立的。如果停止這些供給，肉體本身也將逐漸走向毀滅。而這些麵包、米飯等，也是許多人的努力和汗水的結晶，不僅僅是人的努力，還有著大自然的恩惠，才能產生糧食。當然，也是因為有了整個地球，以及來自太陽的熱能等等，自己才能得以生存。

由此也可以更容易理解「無我的教義」——「原來如此，沒有任何一件物體是本身固有的，沒有一件是本來就存在的物體！一切都是各種事物互相支撐，才能夠形成的。」

「人」字，是由兩根棒子相互支撐形成的形態，也有人說這是收割後的稻穀堆積而成的樣子。總之就是透過這般的相互支撐，人才能得以存在。若是相互支撐才得以成立的存在，那也就是「空」的存在。並非是做為它本身而存在，而是透過許多事物的力量，才使它看起來似乎現實存在——這就是「空」的思想。

這種情形下的「空」，與空間緣起的思想很接近。雖說是空間緣起，但正如方才所述，從播下穀物的種子、收割，再到製成麵包，也有著時間的過程，所以時間緣起當然也蘊含在這其中。

就像這樣，緣起論也持有時間緣起和空間緣起這兩大支柱。

換句話說，這個時間緣起就相當於對諸行無常的解說。一切事物都在變化，世間沒有任何一件恆常的事物，所謂諸行無常，就是指一切事物都處在變化、變遷當中。如果內心執著於這種無常的事物，最終只會徒增痛苦。若是明白了「一切事物都在變化，並且最終將消亡」，人就能夠從執著中脫離出來。就像這樣，時間緣起也是諸行無常的說明。

此外，空間緣起，可以說是很接近於諸法無我。

而且，還有涅槃寂靜的教義。難道脫離一切執著，獲得解脫，進入涅槃的狀態，就是完全的虛無嗎？將變得一無所有嗎？事實並非如此。

脫離執著，達到解脫的境界以後，將會出現什麼呢？涅槃寂靜的境界，到底是怎樣的？是變得一無所有，或是虛無、全無嗎？非也。此時出現的境界，就是名為「覺悟」的幸福。

如此涅槃寂靜的境界，絕非是否定的、負面的、逃避的思想。在斷絕一切的執著，達到解脫的境界以後出現的，正是覺悟的本質，亦是人的本質。那是喜悅，是幸福，是人們長久追求的目標，這才是涅槃寂靜的境界。

本節以「空」為中心，結合三法印進行了說明，各位可將「空」理解為包含了這些內容的思想。

4 朝向空的大乘發展

人們常說「空」是大乘佛教的中心思想，但到底為何會這麼說，我想在本節做出解答。

其一是因為關於「空」的經典——《般若經典》，內容非常龐大。但將其概括成《般若心經》以後，僅有二百六十個字，經文非常簡短。因為便於讀誦，所以大乘佛教的各個宗派都在讀誦《般若心經》，這是從經典使用的觀點所做的說明。

其二是因為這個「空」的思想，絕非是僅追求個人覺悟的小乘思想，而是從大乘佛教的拯救觀點出發的極為重要的思想，這是從思想的觀點來看。

以下，我將解釋「空」的思想為何與大乘的觀點、拯救的觀點相關聯。

「空」一詞，聽起來似乎是「什麼都沒有」的思想。如此一來，人們就認為「人生是虛無的」、「世間是虛無的」、「總之，最終將離開世間、返回靈界」，甚至還以為「不，靈界也是不存在的」、「靈魂也是空，一切都將會消失」。追根究柢，一切都消滅即是「空」、一切的消滅就是人生的目標，從而變成徹底的虛無主義。然而，實際並非是如此。

我在前面也曾解釋過，「空」並不是一無所有的意思，「空」，不是「無」。「無」是指「不存在」，但「空」並不等同於「無」。

「空」是「有的」，但這種的「有」，並不是我們能透過三次元的眼光看到的固定存在。它不是固定的，而是不斷變化的，這才是真相。而且，所謂

「變化」的思想不僅是指三次元的、世間的變化，還包含了世間和靈界的流轉、變化。

因此，雖然還有人持有「人死後，生命是否會持續」的疑問，但對此，佛教學認為釋迦採取了「無記」（不予回答）的態度。

總之，人的本質既不是肉體，也不是具有穩固的人形的靈魂一直存在。如果認為具有人形的靈魂，會一直做為實體存續下去，那也是錯誤的，因為人是會不斷變化的。

何謂「不斷變化」呢？首先，在人的肉體外側，有一個包覆著肉體，與物質界非常接近的幽體存在，並且，其內部存在著靈體、光子體……等等，分成了多層構造。就像這樣，人的靈性存在本身也不是一種，而是有著多重的組合。等到前往靈界以後，就將脫掉外側的部分，其形姿也會逐漸發生變化。

最後只將留下「心念」，或者說「心」，換言之，最終僅將留下進行思考的能量。那是一個具有人體型態的靈魂嗎？並非如此，剩下的僅是思考的能量。

所謂「空即是有」，實際就是指這層意思。

最終「空」所留下的，就是帶有目的性的能量。將人分解到這個程度時，就是「有」。但從外觀上看，我們所看到的存在將會逐漸消失，因此，「既非有亦非無」就是這個意思。

此時，就可從中道的觀點，來探討存在論。

5 真空妙有與拯救

僅憑以上的論述，恐怕還無法理解為何「空」的思想會與拯救相關聯？因此，讓我繼續加以解說。

首先，若是從小乘的觀點去看待「空」的思想，就會發現它對於去除執著、脫離一切的執著是非常有效的事實。但如果只盼望自己的幸福，即僅僅追求自己的覺悟，那就真的將止步於小乘佛教的境界。

然而，若是在懂得「一切皆空」的思想，並將自我放空以後，出現的是虛無的狀態，也就不會有拯救，或大乘的思想了。然而最終並非是虛無，而是會出現某種存在、能量，或是生命力，這就是「空」於大乘當中發展的重點。

也就是說，「空」並非是無。所謂「空」，最終是指看透了佛光、佛之能量。當各位看到了做為佛之能量的自己、做為佛之能量的萬事萬物時，「空」首先就是對世間的看法、想法的否定。但在否定了世間的存在背後，將會出現肯定，即將會出現強有力的生命能量、生命本身。

換而言之，這亦可說成「一切眾生悉有佛性」（《涅槃經》）。「一切眾生」，是指以人為代表的一切生物，有時也可理解為「萬象萬物」。萬象萬物皆具有佛性——這是佛所賦予的能量，或者說佛念。

因此，當拋卻了稱為「我」、「你」、「這隻貓、這條狗」等這般的世間意念，認為「一切皆空」時，做為佛之慈悲的萬事萬物的運轉、姿態，都將呈現出來。

這可以說是一種非常美妙、難以言喻的感覺，屆時，呈現出來的是一個超越了單純肯定現實，或單純否定現實的美好世界。在古語當中，這就稱之為「真空妙有」。若是真正達到了「空」，美妙的「有」就會出現。

若是達到「空」的境界就會一無所有嗎？並非是如此。真正地覺悟到了「空」時，美妙的實相就會出現，美妙的世界將從此展開。

古人透過「妙有」一詞來形容這種美妙的實相、美好的世界，這其實也是大乘佛教的重大出發點。

去除了個人的執著之後，佛的慈悲存在就將借助萬象萬物的姿態呈現出來。既然一切事物都是透過佛的慈悲而顯現之存在，那就會產生「我們必須拋棄只要自己存在就好的小框架，從而與他人互相關愛」的觀點，並願意與眾人共同努力，一起建設烏托邦、佛國土。

這種真空妙有的思想，實際正是以「空」做為關鍵字，是小乘向大乘發展的一個非常重大的觀點。

這其實也是「空」向拯救發展的思想之一。在脫離了個人的執著，並將實相視作為善以後，此時就會湧現出更為強大的能量。

6 佈施與三輪清淨

透過拯救的觀點進一步探究的話，還將出現另一個不可或缺的觀點——那就是施予，即「佈施」的思想。在此，我想結合「空」的思想，探討佈施是何時形成的，以及佛教所宣導的佈施的功德、佈施的重要性，是在何種情況下得到認可的等問題。

首先，佈施的確是指施予他人，但這不僅是施予物質而已。給狗骨頭那樣的行為，並非是佈施本來應該追求的形態。從佛教的觀點來看，佈施是為了提升人們的靈魂，是為了在世間建設佛國土，因此這勢必有著相應的條件。那不僅是物質、物體的移動，或是金錢的移動，其內部應該是蘊含精神的。那麼，這種精神到底是什麼呢？

自古以來，佈施當中就存在「三輪清淨」的說法，若是沒有這個三輪清淨，佈施就無法成立。

所謂三輪，就是進行佈施之人——「施者」（如此奉獻的主體亦可稱作「能施」）、接受佈施之人——「受者」（如此接受奉獻的客體亦可稱作「所施」）、佈施的東西——「施物」（這個「東西」不一定是物質，而是指應該給予的「東西」，包括佛法等）。如果「施予之人」、「接受之人」和「施予的東西」這三者不清淨的話，佈施就不成立。這三者都應是清淨的，必須是脫離汙穢的。

那麼，何謂脫離汙穢呢？那就是這三者都不得有任何的不淨，或存在著執著。

有人在施予他人東西時，是懷著「啊！真不情願啊！」的心態而給予的。比如說，實際上是很不情願的，卻又禁不住對方的勸說，於是心不甘情不願地捐了款。或者是心裡想著「這幫乞丐真該死」，但又礙於「大家都給錢了，自己也沒辦法」，就給了錢。就像這樣，有人是不情不願地施予，也有人是對金錢、物質抱持著執著，迫不得已才捐款。但這些都是因為在意他人的眼光，出於虛榮、礙於面子所做的施捨。

在此種情況下，施者，即佈施之人的心中還存有汙穢，所以稱不上是有功德的佈施。

此外，如果接受佈施的人心存貪念，或有不淨之念，那也是不可取的。比如說，打著「募捐善款」、「為不幸的兒童募捐」的幌子，實際卻將募集得來的資金挪為他用，這種例子可謂是不勝枚舉。據說在發展中國家，常常有人把拯救災民的罐頭食品拿到市場上出售，募捐的物資總是無法送到災民手中，而是被拿到市場上變成了商品，這種佈施就是不成立的。受施者萬萬不可懷有這般的念頭。換言之，受施者的心念也很重要。

所以，施予者要懷著非常清淨、清爽、毫無執著的心態去給予，而受施者也要懷有感謝之心，以「要珍惜人家的佈施」的態度來接受。就像這樣，雙方都必須要脫離私欲。

此外，施予的東西本身亦必須是清淨的。比如說，施予偷盜得來的、可疑的、或是不適合的東西，就是很不好的事。

在此，結合施物的觀點，我想講述一下佛教當中吃葷食的問題。

一般人都認為，佛教是禁止吃葷的，但這是一個很明顯的誤解。佛教本來是不否定葷食的，只是否定食用在佈施過程中存在問題的肉。這種有問題的肉叫做「見、聞、疑」的肉，這三種肉才是禁止食用的。

所謂「見」，不管是豬肉、牛肉或任何肉，總之是親眼看到動物被宰殺的話，僧侶就不可食用這動物的肉，即不可食用當著自己面被宰殺的動物肉。

所謂「聞」，就是指聽聞。如果聽到人家說「為了佈施這位僧侶，現在正在宰兔子」，就不可食用這種肉。即聽聞這動物是為了自己而宰殺的話，就不可食用這些肉。（有時「聞」也解釋為聽到動物被宰殺的聲音，但這個意思和「見」沒有太大區別，這裡採取廣義的解釋）。

此外，所謂「疑」，就是指不可食用有那般嫌疑的肉。比如說，進行佈施的在家信眾說著「正好有這些肉，請食用吧」，但端上來的是一整隻豬。此時就應懷疑：「這很奇怪，不可能剩下一整隻豬的。這肯定是他們為了供養僧侶，才特意宰殺的。」因此，不可食用這般有嫌疑的肉。

這是為什麼呢？因為動物也是有靈魂的，所以死時也會感到痛苦。但如果動物是為了讓僧侶食用而痛苦的話，那就違背了僧侶出家的本意。

出家是為了勸導眾生成佛的，所以因為自己的存在妨礙成佛的話，就絕不是一件好事，因此「見、聞、疑」這三種肉是不可食用的。

而遠離這三種情況的肉就稱作「淨肉」。所謂「三種的淨肉」，就是指脫離這三種汙穢的肉，就是可食用的肉。

僧人托缽化緣時，施主常會往碗裡放入各種的食物，其中既有特意準備的，也有現成殘留的。因為在家信眾是吃肉的，所以施予僧人的食物中有時也會摻有肉類。此時切不可把肉挑出來扔掉，不可對他人佈施的東西挑三揀四。

因此，除了三種有嫌疑的肉以外，其他的肉都是可食用的。釋迦在世時，修行僧們也是吃肉的。

由此可見，常言佛教禁止葷食，只能吃素食，都是與事實不符的，這是從後代（大乘佛教興盛期之後）才開始的。

以上就是關於「施物的清淨」的說明。在接受佈施時，如果得到的食物中有不淨之肉，那是不可食用的，除此之外，一切事物都應持感恩之心接受。

若是發現施者的佈施不是出於本意，受者則可把托缽的碗倒扣過來，這樣就表示「不能接受」的意思。一旦施者佈施了，受者就必須接受並食用，不管是任何食物，都不可有怨言。總之，只有在發現不淨之肉時，才可以將碗倒扣過來，表示「不可以接受」，然後直接離開就可以了。

7 空與施愛

如此佈施的思想，在幸福科學的教義中就是指「施愛」（慈悲）。

正如方才所述的三輪清淨的思想，此時將出現一個觀點，即「牽涉到我欲、名譽心、虛榮心、物欲等的佈施，是不可取的」。

由此可見，在這裡「空」的思想仍然是很重要的。在佈施的思想當中，「空」亦是很重要的，即必須脫離對於一切事物的執著。

「我」是不存在的，且施物實際也是不存在的。一切都是佛的慈悲為了孕育萬事萬物，而促使其變化、變遷，或移動而已，所以切不可執著於這種事物。既不可執著於食物或金錢，亦不可讓接受施物的自己變成私欲的出發點、發祥地。必須透過「空」的心念來接受佈施、進行佈施，並透過「空」的心念來看待施物，這是非常重要的（可稱之為「三輪空寂」，或「三輪體空」）。

因此，如果我們自稱是「施愛」，而給予他人金錢、地位和名譽，是為了得到對方更多的援助，所以才抬舉、誇讚對方，並且是持有「施予與獲得」的心態，從而對他人採取施愛的行動，那從真理的角度來看，就是沒有價值的、不淨的。

總之，在施愛的輪迴世界——在施愛的循環過程中，千萬不可忘記「空」的思想。

追根究柢，從拯救的觀點所看到的「空」，就是稱為「一切眾生悉有佛性」、以及「真空妙有」等，經過否定以後出現肯定，從而成為積極的世間活動原理、行動原理之一。此外，要知道做為拯救修行的佈施當中，也存在「空」的思想。

而做為僧人的立場，一般都不是遂行施物，而是遂行施法，即「說法」。在這個觀點中，也有著相當於三輪清淨的原理。

並且要時常檢視以下觀點：「說法之人的心中是否有著不純的東西？前來聞法之人，是否有人持有不純的心念？此外，法話本身是否存在著雜物，或是不淨之物？是否有著彰顯自我的欲望？是否講述了錯誤的教義，或有著自圓其說的部分？」

總之，將施愛的教義付諸行動的階段上，會產生佈施的思想，所以各位必須時常檢視這個三輪清淨的觀點——施者、受者，施物這三點。因此，我認為各位必須更為慎重地應用「空」的教義。

第五章

無我中道

1 「無我」的思想與後世的唯物化

本章將承接《覺悟的挑戰》（上卷）第四章〈何謂無我〉，繼續講述有關於「無我」的內容，因為這個主題包含了關乎佛教根本的問題。

從前在印度，有三十多名年輕人帶著各自的妻子出去野餐，他們在森林中飲酒、唱歌，盡情嬉戲。其中有一名青年因為年輕尚未娶妻，就帶了一名妓女前去參加。

然而，趁著所有人玩得盡興之際，那個妓女偷了其他人的錢包，以及各種貴重的物品逃走了。那群年輕人都怒不可遏，紛紛跑去追捕那名妓女。正追到森林當中，他們遇到了一位正在禪定的沙門。所謂沙門，是指非屬於天生的僧侶階級婆羅門，而是從剎帝利武士階級等出家的自由修行者。

那些年輕人向這位沙門詢問道：「請問尊師是否看到一名女子？」於是，那位沙門解開禪定，睜開眼睛緩緩回過頭，反問道：「年輕人啊！你們為何要尋找那名女子呢？」他們回答：「那個妓女偷走了我們朋友的財物，我們為了幫朋友找到那名女子，所以才在這個林子裡徘徊。」

於是，沙門說道：「你們認為找尋女子和找尋自己，哪個重要呢？」

那些年輕人一時無言以對，片刻過後才答道：「我們認為，還是尋找自己更為重要。」「既然如此，那就請坐下來吧！各位年輕人，讓我來為你們講一下佛法。」於是這名沙門諄諄善誘地開始講述佛法真理。

那些年輕人完全忘記了野餐遊玩的心情，紛紛剃度出家，變成了這位沙門的弟子，過去曾發生過如此故事。

這位沙門，其實就是喬答摩・悉達多，即釋迦。當時釋迦直接發問那些年輕人「尋找婦女和尋找『自己』，到底哪個更勝一籌？哪個更重要呢？」即釋迦透過自己的話語，講述了尋求「自己」的重要性。實際上，在律藏（《四分律》三二卷、《五分律》一五卷）等戒律為中心所編成的佛典當中，也記載了這些話語。

然而，在一般的無我思想當中，卻有著截然相反的想法，其主張「因為釋迦曾講述過無我，所以就必須否定自己並消滅自己」。

但若是仔細思考一下，就會發現宗教是追求覺悟的修行，而自己的存在終究是應該不斷追尋的課題，因此認為「沒有了自己就是追求的目標」的想法肯定是有問題的。如此的話，修行論就站不住腳了。

那麼，那種想法到底錯在何處呢？

追根究柢，釋迦在世時的思想經過了後世的二、三百年之後，在小乘佛教的時代（小乘佛教，即所謂的部派佛教），劃分了許多研究釋迦教義的不同集團。其中有一個叫做「說一切有部」（注1）的學派，將釋迦的無我思想統一解釋為「做為實體的靈魂存在的『我』，是不存在的。人的存在，就是五蘊的結合體」。

「五蘊」，即是指「色、受、想、行、識」。

「色」——肉體。

「受」——感受作用（亦可稱之為神經作用）。

「想」——建立形象的表象作用。

「行」——行為能力，即意志。

「識」——識別、認識能力。

這五蘊構成了人的存在，人就是在這般心與肉體的五種作用下形成的。若是離開這種作用，人就不存在了。

但如果將這種思想剖析到底，會得出什麼結論呢？想必最終會發現這其實與解剖一隻青蛙，並透過電流刺激其神經系統，以便研究肌肉收縮的想法相差無幾。

這種思想的基礎仍然是唯物論，僅是試圖分析某種的知覺作用、精神作用等的嘗試，從而放棄了對其內部進行分析。

正是這個「說一切有部」的學派，將無我的思想理解為「做為靈性存在的我，是不存在的」，並認為人是做為「五蘊的暫時結合」的存在，自此開始，在佛教思想的歷史上，關於無我的探討就變得困難和複雜起來了。

2 釋迦思想的本意

當初，釋迦的確是講述了「無我」的思想，這是做為佛教的重要標誌之一，也是不爭的事實。

在此之前，婆羅門的僧侶階級的思想中，存在「梵我一如」的傳統概念。「梵」是音譯的 Brahma、「我」就稱為 atman，這種思想認為「宿於人體中的 atman，即靈體的核心（當時，人們設想靈魂是一個拇指大的存在），以及靈天上界當中稱為 Brahma 的神靈存在、高級靈等，看似是相互獨立的，實則為一體的」（即認為個體和宇宙的理法是一體的）。「人死後返回靈界時，將與 atman 融合為一體。換言之，這就好比是川流的水滴匯入大海以後，會與大海合為一體一樣，每個人的靈魂回到實在界以後，也將與偉大的靈魂合為一體。」而且，這個 Brahma 才是轉生輪迴的主體（有我）。

針對這個「有我說」，當時出現了一種新思想持續批判「婆羅門教安於現狀，僧侶們安逸於修行，真是極端腐敗」，這即是佛教所提出的。因為是以這般的批判為前提產生的思想，所以有人會誤以為「佛教與主張梵我一如的婆羅門有我說是截然相反的」。

然而，釋迦當初提出的無我思想，並非是說物理的自己不存在，而是在講述「總是想著『自己』，以及本身產生的欲望，導致了自身的痛苦，若是不消除這種欲望，幸福就不會到來。欲望的根源就在於自我意識，消除產生這種欲望的自我意識，世人就會得到幸福。因此，必須要努力消除這個欲望的根源，即自我意識。」——這才是釋迦講述的教義。

這原本是做為內心的應有姿態、調控方法的無我思想，而並不是說「我」實際是不存在的，或是完全不可能存在的。並且，這還教導了人們為了斷絕從自我產生的痛苦，必須要透過精神統一、精神修行，從而放空自我，這樣才能夠消除痛苦。換言之，這並非是「做為存在的無我」，而是「做為機能的無我」。

然而，若是理解太淺顯的話，就很容易導致「我到底是存在還是不存在」的誤解。對於這一點，想必各位也非常瞭解。事實上，至今仍有許多人有著這樣的誤解。但追根究柢，問題就在於是否相信靈魂以及靈界的存在。

因此，隨著佛教也流於一門學問，並逐漸成為世間知識的積累時，人們就無法真正理解這個無我思想。現今在宗教學者中，還有許多的無神論者、唯物論者，他們以宗教為職業，卻始終無法抱持信仰，這就是其人生觀在根本上存在問題。如果不能超越這個侷限，人們的理解就只能停留在桌面上、紙上談兵的境界。

就像這樣，「說一切有部」學派建立了無我思想，自此做為實體論、物理的靈魂存在之無我思想一直流傳到大乘佛教的初期，甚至還有一部分內容留存至今。時至現代，諸如「佛教講述了無我，所以是否定靈魂，且不講述來世之事」等的說辭依舊是不絕於耳。

然而，如果正確地閱讀佛教經典，就會發現若是沒有靈界、靈魂的話，所有的內容都將是不成立的。若是沒有靈界，成佛該從何談起？若是沒有靈界，又如何會有阿彌陀佛？若是沒有靈界，為何會有來世的幸與不幸？又如何會有墮入地獄的話語？此外，若是沒有靈魂的輪迴轉生，釋迦又怎麼會反覆地提到

「過去世也存在佛陀」以及「過去七佛」的話語（注2）呢？

此外，釋迦對於在家信眾進行說法之際，採取了由淺入深，逐漸提高難度的「次第說法」。最初是講述了「三論」，即「施論」、「戒論」和「生天論」。這個教義講述了「如果經常佈施並嚴格遵守戒律的話，來世就可轉生於天國」。釋迦一直是自戒於不可說「妄語」，所以絕不可能為了「方便」而說謊。

若是結合這一點來看，就會發現靈界、靈魂的存在，以及輪迴轉生，當然都屬於教義當中的一部分。

不過，對於只能從比喻性，或者是故事性、文學性的角度進行理解的人來說，就無法真正持有信仰，而只將停留在分析的思想層面。

這種想法也不是不能理解，在近現代的西洋哲學當中，分析的態度也是處於主流，一直在探討靈界是否存在、靈魂是否存在，但最終也沒有一個準確的結論，這可以說是人宿於肉體本身所伴隨的一種無明。

追根究柢，釋迦的思想就是教導人們「斷絕苦惱的根源，斬斷從肉身自我中產生的欲望」。然而，主張斬斷執著的無我思想，最後卻被篡改成了否定實體自我的思想，請各位務必知道，佛教當中亦曾有過這般的錯誤思潮。

3 佛教在印度絕滅的原因

那麼，最後導致了什麼結果呢？在小乘佛教的階段，因為出現了「物理上的我是不存在的」這種論調，所以就產生了「到底該如何看待轉生輪迴」的問題，這是理所當然的。轉生輪迴本身並不是釋迦的中心思想，即不是釋迦最初原創的思想。但當時在印度，如此思想已經被人們廣為接受了，而佛教也順應這股潮流，並未予以否定，而是接受了這種思想。

而到了後世就有人提出疑問：「如果沒有自我，那為何會有轉生輪迴呢？」但是轉生輪迴是眾人皆信的理論，所以佛教徒們也無法回答這個問題。

佛教以外的其他印度宗教，比如婆羅門教，以及婆羅門教深入民間後產生的土著信仰——印度教等，都對此提出了批判——「這樣的話，豈不是無法轉生輪迴了嗎？」「若是死後將一無所有的話，那就無法轉生輪迴了，這種思想勢必是錯誤的啊！」等等。

遭受了這般的批評以後，佛教徒們也感覺到為難，因而不得不進行理論上的武裝。於是就想到了：「因為已經講述過無我，所以又說有靈魂的話，不太好解釋。因此，必須得找出某個替代的提法。」

為此，唯識學派沒有使用「靈魂」的提法，而是講出了「識」的概念。「心中存在很多個認識的階段；眼、耳、鼻、舌、身、意等六識的內部有末那識，而末那識的裡面還有阿賴耶識，因此總共有八識」。而且，這個阿賴耶識實際是靈魂的主體，是阿賴耶識在經歷輪迴。總之，佛教徒們經過一番苦思之後，提出了這樣一套學說，即不明確說出靈魂，而是將輪迴的主體說成是阿賴耶識的存在、潛在意識。至此，佛教終於找到了轉生輪迴的主體。

然而，釋迦原本並未否定靈魂的轉生輪迴，所以他們本不需要這樣大費周章。但因為在小乘佛教的階段，做為一門學問而建立的阿毘達摩（即釋迦思想的文獻教學）興盛起來，所以才會變成了那樣的哲學理論，讓佛教徒們煞費苦心。

那時還出現了唯識思想等許多概念，他們很努力地想要建立一套合適的理論。但最終在這個無我的思想上，走向了錯誤的方向，這也是佛教在印度消失的重大原因之一。

佛教在印度實際消亡的原因有幾點，其一是從十二世紀到十三世紀，伊斯蘭教徒開始了一連串破壞佛教寺院、屠殺僧侶的行為（注3）。以出家者為中心的佛教，由於僧侶遭到屠殺而面臨後繼無人的問題，事實上是陷入了崩潰的狀態。因此，伊斯蘭教徒的暴行是佛教消亡的原因之一。

其二是因為佛教並未像印度教那樣，滲透到了民眾的婚喪喜慶等日常生活當中。

總之，佛教是相當思想性、學問性的，所以其缺點就在於若是經典被焚燒、僧侶被屠殺的話，就無法再繼續傳揚，也就是說，當時佛教並未充分扎根於印度。

就像現代的日本有佛教式的葬禮，以及神道教式的婚禮一樣，當時的印度教也有專門舉行如此儀式的部門。但印度佛教卻沒有進行這些活動，而是一個以教學為中心的專業出家者集團，因此，伊斯蘭教的入侵造成了佛教的滅絕。

然而，印度教卻並未因為伊斯蘭教的入侵而消失，這就是因為它與生活密切相關。既不能否定生活本身，亦不能屠殺那裡的居民，因此印度教才沒有消亡。然而，佛教卻因為和日常生活聯繫得不夠緊密而消失了。

除了以上這兩個原因之外，還有一個根本性的原因，那即是印度佛教在無我思想上產生了錯誤的思潮。因為印度佛教幾乎變成了一種唯物論的思想，所以與印度的人們所信奉的根本性宗教信條，即轉生輪迴的思想產生了矛盾。

當時，轉生輪迴是眾人皆信的理論，而轉生輪迴就必須有靈魂。我認為正是因為佛教在途中曲解了教義，變得無法明確講述靈魂，這種的理論弱勢導致了它最終走向滅亡。

因此，如果在教學的方面不進行透徹思考的話，就會對後世產生極大的負面影響。因為有人不相信靈界，所以為了使這種人也能夠理解，佛教就透過哲學的、知性的、世間的唯物論進行解說。這種本是圖方便的傳道方法，結果變成了一種潮流而失去了其根本，最終導致了教義、宗教本身的自殺，這就是從印度佛教的消亡所得到的教訓。

然而，從印度流傳到中國、日本的佛教，對於靈魂是肯定的，與婚喪喜慶等生活各個方面都息息相關，因此能夠一直留存到現在。

自佛教進入中國以後，就與中國原有的道教以及儒家的思想相結合，如今保留下來的稱不上是純粹的佛教。如此透過與中國古典思想的類比，來理解佛教理論的方法可稱為「格義」，基於格義的佛教就稱作「格義佛教」。這就好比說是透過老莊的「無」的思想，來理解《般若經》中的「空」的思想。

後來，佛教從中國傳入日本以後，採納了神道的思想，做為與生活密切相關型的宗教（比如說，重視供養祖先等）留存了下來。即透過這種方式，經過多種變化，佛教才能得以保存下來。

我們生活在現在，並不確定未來會變成怎樣。然而，從過去習得經驗是非常重要的，至少應該以歷史為鑒，並堅定地確立自己的思想。

4 對於佛教學的重大修正

透過上一節的敘述，我想各位已經明白了為何我會對無我的問題如此重視。總而言之，如果不將無我的思想定位於調和己心的問題，而是視作物理上的實體論的話，就等於是讓宗教走向自殺。因此，在這一點上不能有絲毫的差錯。

並且，如此言辭本身就是對佛教學的重大修正。

事實上，當時釋迦持有明確的思想——「必須要磨練並提升自己本身」。即「己身是需要探究的。只有去探究己身，才能開拓成為菩薩、如來的道路，朝向佛的目標，並逐階而上，此即為人的修行」，如此思想也證明修行的主體是存在的。

此外，佛教講述了自負責任的原則，主張因果的理法——「有因必有果」。但若是沒有靈魂這個主體的話，自負責任的原則也就不成立、不存在了，因此，切不可忘記這個部分。

總之，我們應該這樣來理解無我思想——如果深入探究「人在世間的不幸是什麼」，就會發現痛苦的根源是基於肉體的欲望，這就是痛苦的根源。因此，必須要重新審視從肉體產生的自我意識。

那麼，從肉體產生的自我意識，到底是什麼呢？比如說，稱為「貪、瞋、癡」的「心之三毒」就是如此。

貪欲，就是指欲望本身。欲望是來自於世間的思考方式，大多是產生於肉體。比如說，有眼欲、口欲、鼻欲、耳欲、手足欲，以及內臟之欲……，從各式各樣的欲望中，都會產生苦惱，苦惱就是來自於身體的欲望。

其次還有「瞋」——也就是憤怒。動物們也會呲牙裂嘴，以示憤怒，但若是人輕易地生氣、動輒發怒，就是此人有著動物性性格。動物們為了保護自己不受傷害，所以常常會張牙舞爪，或是毛髮豎立等，但若是人也是如此的話，那就和動物一樣了。

再來是「癡」，即愚癡。有很多人不瞭解真正的真理，進而做出愚蠢的行為，從而自釀苦果。比如說，若是有智慧的人，就知道踩到水窪（惡）當中，鞋子就會弄壞（靈魂會受傷），但沒有智慧的人，必須要踩到水窪以後才會知道後果，這樣的例子不勝枚舉。再比如，宗教學者當中也有人迫害正確的宗教，而擁護邪教。即便是有學歷的人，也不乏愚昧無知者。

這一切都是基於世間的生存產生的迷惑、痛苦。

此外，還有「慢」和「疑」。

所謂慢，就是指沒有自覺到無限的佛神存在，僅透過在世間與他人的比較而產生的世間性的尊卑感。比如說，總感覺「自己是最優秀的」，或是即便看到比自己優秀的人，亦認為「和我沒什麼區別啊」，對於遠比自己更接近於佛神的人，仍然還覺得「和自己是一樣的人」等等，這些都是「慢」的表現。

距今兩千多年前，以色列的人們也並未將耶穌視作救世主，而是把他當成一個木匠的兒子。直至他離世，人們一直是以世間的眼光看待他。然而，兩千年後的今天，人們都拚命對著十字架上的耶穌像頂禮膜拜，這些也是一種「慢」。

緊接著，還有「疑」——懷疑。疑的中心，就在於對三寶（佛、法、僧）

的懷疑態度。人們的錯誤之處，就在於一切的價值觀都是世間性的、以肉體為中心的價值觀，所以就無法相信眼所不見的世界。

另外，還有「惡見」。所謂惡見，就是指錯誤的看法、想法。當然，雖然錯誤的觀念可謂是堆積如山，但也不可將全部都歸為惡見。以下列舉幾個惡見的代表事例。

其一是「身見」，這是以肉體為中心的想法，即認為「肉體就是自己」。

其二是「邊見」，這也是一種極端的觀念，即認為「死後一切就結束了」，或是「死後亦與生前毫無二致」，這些都是很極端的想法。

其三，還有「邪見」，這主要是指錯誤的宗教信條，抱持著錯誤的信仰，或遂行錯誤的宗教活動等。在釋迦的時代，這個邪見主要是指不相信因果理法的人。

所謂「因果理法」，即是「行惡事，就有惡果；行善事，必有善果。累積功德，來世即可回到天國；作惡事，來世就將下地獄」此為因果理法的根本思想。但有很多人做不到這樣思考，有人認為「死後一切結束」，抱持著唯物論的信仰。也有人認為「世間沒有因果理法。人只要隨心所欲、自由自在地生活就好」。諸如享樂主義者、命運決定論者等，在基本的宗教信條上出錯之人的想法，就稱為邪見。

此外，有人懷疑「修行又能怎麼樣呢？」也有人主張「修行是沒用的、努力也是徒勞的，這些都對人毫無裨益」，還有人認為「烏托邦思想根本就是謊言，是虛假的、騙人的思想。佛國土的思想又怎樣，這與我何干？還不如去想想今天吃什麼喝什麼比較好。」這般與理想完全相反的看法，全都稱為惡見。

「貪、瞋、癡、慢、疑、惡見」，也可稱為「六大煩惱」，這是世人的煩惱的代表。煩惱，就是「不好的精神作用」，或「使人不幸的迷惑」的總稱。

究其根源，這六大煩惱幾乎皆是源於將「肉體我」當成了自己，以為人生僅限於世間的肉體人生觀。

因此，若是不斷絕這種想法，幸福就不會到來。並且，「否定煩惱的根源，即肉體的自我感覺」，就是無我的思想。

5 何謂「無我中道」

一方面，要否定基於肉體觀的自我思想，另一方面，還要不斷地追求、磨練「真我」——靈性的自己，以及努力與佛合為一體的自己，並朝向佛的方向不斷邁進。就像這樣，「我」是需要磨練、進步的，「我」也可稱之為「自己」。

如果說應該否定「自我」的話，那麼應該追求、提升的就是「自己」。這個自己，在印度的梵文中和「我」一樣，皆被稱為「atman」。

因此，對此切不可錯誤理解。若是進行平面地思考，或許會認為「我、自己的存在，非有即無」，二者必須選其一。然而，在真理的世界當中，應該否定自我的同時，又必須磨練、提升真正的自我。

這個看似矛盾的事情，若是透過立體的思考就能夠整合了。

「這不是單純的非有即無的問題，那是一個既需要否定，亦需要肯定和提升的存在。」——此即為釋迦想要表達的中心思想。

無我的思想，就是既否定以肉身為中心的「我」，亦肯定和提升真實的自己。它包括否定和肯定的兩個方面，又不偏於其中一方，是促進人們進步、成長的觀點。我想各位也能明白，發展的思想就是源於此。

換言之，純粹的有我論，或無我論，都是一種極端的思想。只有脫離極端的中道，才是釋迦講述的無我思想的本意，這一點是至關重要的。此外，從這個中道的觀點來解釋無我思想，可稱之為「無我中道論」。

不管怎麼磨練、擴大肉體的自我意識，也無法獲得自己真正的幸福、成長。因此，必須否定這種自我意識。反之，不斷地磨練並提升做為靈性存在的自己、做為佛的一部分的自己，才能得到真正的幸福，這是必須要提升的。

因此，無我的思想，絕不是偏倚的思想，而是在實際瞭解真正的自己以後，為了提升自己，並實現「始於中道的發展」而存在的極為重要的思想。

所謂「無我」，簡而言之，就是「變得透明」。也就是說，「如果說人就像是一塊雜質眾多、灰濛濛的玻璃，就必須仔細擦拭，使其變得透明。要無限地接近透明，必須努力發展透明的自己」。

因此，「變得透明」，並不是說變得不存在。雖然灰塵被清除了，但玻璃還是存在的。

換言之，無我的思想並不是勸人自殺——「讓各位全部被碾碎成粉末，從此消失不見」，而是希望「各位變得像水晶一樣清澈透明」。

此外，主張「讓這個水晶無限地結晶變大，不斷形成更美好的傑作」的，就是「無我中道」，以及「始於中道的發展」的思想。

（注1）「說一切有部」即為小乘佛教當中最有力的學派。說一切有部主張，構成世間的要素存在共有七十種法。（Dharma〔法〕代表事物的本質、特性，但此處是指構成要素的意思。）這些法在過去、未來、現在的三世當中始終保持著自己的同一性（三世實有說），用以解釋森羅萬象的無常。因其主張一切是存在的，所以就被稱作「說一切有部」。但諷刺的是他們承認「法我」，卻否認了「人我」。（即統一的人格，大乘佛教積極主張「空」的思想，其理由就在於為了攻擊說一切有部承認世間的法的存在。）另外，所謂

Dharma，就好比說是眼根、耳根、味境、觸境、想、信、無明、貪、慢、得等等的要素。

（注2）「過去七佛」指釋迦牟尼佛和此前轉生的六位佛。按照最早的時間順序來說，他們分別是毗婆尸佛、尸棄佛、毗舍浮佛、拘留孫佛、拘那含牟尼佛、迦葉佛。當時，釋迦就是用這些印度語的名稱來稱呼拉穆（La Mu）、托斯（Thoth）、利安托阿爾克萊德（Rient Arl Croud）、奧菲爾利斯（Ophealis）、海爾梅斯（Hermes）等自己的過去世。然而，至今卻演變成了單純的多佛信仰，即認為過去也存在佛陀，而釋迦當時是做為菩薩累積修行，這與事實是大相逕庭。

（注3）超戒寺（Vikramasila）是在一二〇三年被伊斯蘭教的軍隊燒毀了。

第六章

佛性與成佛

1 佛性與如來藏

本章選擇了「佛性與成佛」做為題目。這個題目內容很廣，難以一言道盡。但這個題目又非常重要，而且包含著幸福科學不可忽視的重大問題。

「佛性」一詞，按照字面理解，就是佛的屬性。我曾解釋過「每個人皆抱持著做為佛子的性質」，也曾講解過「每個人皆是鑽石」、「以人為首的各種動植物的靈魂，皆是在很久以前由佛光進行分光所形成的」。總之，我一貫都主張「擁有生命的物質，其生命的中心就宿有佛光的能量」。因此，對於佛性這個詞，幸福科學的各位會員都已是耳熟能詳了。

還有一個相當於「佛性」的同義詞，叫做「如來藏」。這個「藏」，不是單純地指「倉庫、儲藏」的意思，這在原印度語（梵文）中叫做「tathagata-garbha」——「tathagata」是指如來，「garbha」是指胎兒，兩者合一就是「如來的胎兒」的意思。

「當然，並非每個人都是真正的如來、佛，但就像是處於母體中的胎兒一樣，等將來長大成人，就有可能有成為真正的如來、佛，每個人都有著這樣的潛力。」——「如來藏」就是指這個意思。

如此想法曾經也很流行，聽到自己是「如來的種子」，每個人都很高興，所以當時這個詞頗受歡迎。

然而，當「tathagata-garbha」一詞傳入中國以後，被音譯為如來藏，意思就被人們篡改了。原本是指「如來的胎兒」，結果在中國被理解為「原本的如來被覆蓋住，所以看不到了」。總之就是被藏在隱蔽處的感覺，「如來藏」就好比是帶有穀殼的大米。

就像這樣，如來藏的意思，從「胎兒」變成了「被覆蓋、隱蔽，被包裹的存在」，但原意的確是指「如來的胎兒」，這與佛性幾乎是同義詞。

這個如來藏的思想，到底是出自何處呢？

正如第四章所述，《涅槃經》當中出現了「一切眾生悉有佛性」的話語。「一切眾生」就是指「所有的生物」，但指人的情況居多。也就是說，「所有的人皆宿有佛性」這句話，就是如來藏思想的起源。

在現存的典故當中，這句話最早是見於《涅槃經》。一切的眾生，即所有的人皆宿有佛性的思想正是出自此處。

2 一闡提的問題（斷善根）

如此如來藏的思想的確是很好，但這裡還出了一個問題。那就是在現實中，總會有人任憑怎麼修行都無法開悟。該如何解決這個現實問題，就成了一個重大的爭議，且幾百年來一直是爭論不休的課題。因為在現實中，的確有人是怎麼看也沒有佛性。

首先，難道連那些迫害正確宗教的人都具有佛性嗎？這樣的人是否也能稱為「如來的胎兒」呢？就像這樣阻礙真理的人，或是即便沒有阻礙真理，但從素質來看，不論怎麼努力也很難開悟的人，不管聆聽多少法話，也只會左耳進右耳出的人，還有那些完全沒有宗教心的人，古往今來都是存在的，過去的佛教徒也曾為此大為苦惱。

因此，主張「一切眾生皆宿有佛性」是非常了不起的事。但反過來，這樣的思想可能會演變為「即便是迫害我們、批判我們的教義，並固執地認為『釋迦與罪大惡極之人不存在任何區別』，這樣的人也都和我們一樣」的觀點。此處就產生了很大的矛盾。

為此苦惱過後，最終出現了「雖然一切的眾生皆持有佛性，有著成佛的可能性。但也有人是『斷善根』，即切斷了善的根源。或者是『信不具足』，即完全沒有抱持信仰。還有人是猶如浮萍一般漂浮著，即完全與佛無緣」的思想。佛教徒們想要透過這樣的思想來解決矛盾，如此思想就稱為「一闡提」。（即梵文當中 icchantika 的音譯，表示不管如何修行都絕不可能開悟的人）

「一闡提的問題」這個詞很難理解，然而卻經常被提及。如果常年進行宗教活動，就會發現有些人確實是難於教化的，這也是事實。因此，儘管《涅槃經》當中提出了「一切眾生悉有佛性」這個革命性的宣言，後來還是有人提出了「但也存在例外，一闡提就應另當別論」。

這個一闡提，其實就是指「批判大乘佛教者另當別論」的意思。也就是說，「如果連指出你們本身也持有佛性這般的正確教義，你們都要加以批判的話，那你們肯定是與覺悟無緣的」，如此提出了反對的聲音。

不過，從我本身的觀點來說，不管任何人都抱持著做為佛子的性質，無論是何種人，看到小孩子都會笑嘻嘻的，見到喜歡的人就會很開心。因此，我認為誰都擁有愛和慈悲等佛的性質。

然而，就好比若是繭太過堅實的話，裡面的蠶就無法出來一樣，原本持有佛性的人（蠶）吐出的煩惱（絲）形成了繭，這個繭太過堅實的話，裡面的人就無法出來了——這樣的狀態就稱之為一闡提。就像這樣，人本身在世間創造了煩惱的陰霾。

在另一層意義上，也有人是因為惡靈附身。如果身上依附了四、五個惡靈的話，當然就無法進行正常的判斷了。比如說無法思考佛神之事，或感到「批判佛教是理所當然的」。在這種狀況下，就不再是此人，而是惡靈所說的話語了。

就像這樣，也有人是透過轉生後的思想、信條、教育和職業訓練等，或因為心念的錯誤被惡靈附身，從而無緣獲得正確的信仰。即便是這種人，我認為此人也同樣抱持著佛子的本性。不過從現象上來看，確實有人表現得不具有佛性，對於如此的事實，我們也不得不承認。

追根究柢，這與「沒有人是從地獄轉生而來的」的觀點是一樣的。然而許多宗教都認為「從天國和從地獄轉生的人，各占一半」，但若是如此的話，怎麼也免不了會透過善惡的眼光看待他人。因此，從拯救的觀點來講，這就存在問題了。

任何一個嬰兒或幼兒，都長著一張可愛的臉，即便是將來成了兇犯、黑社會成員的人，在嬰幼兒時期也看不到兇惡的傾向。就算是面相不好，但兇暴的性格也不會在兩、三歲時就開始發揮作用，而一定是後來逐漸顯現的，我認為這樣進行思考才比較合理。

因此，各位或許會想指責那些人「斷善根」——徹底切斷了善根，但同時，也必須持有善意的眼光看待那些人——「他們的心中也有著佛性」。

3 一切眾生悉有佛性與一切眾生悉皆成佛——本覺與始覺

正如方才講述的，「悉有佛性說」是一個非常尊貴的教義。但這個思想，也曾在歷史上產生了一股非常錯誤的潮流。

那就是關於「一切眾生悉有佛性」與「一切眾生悉皆成佛」的問題。具有佛性，就表示有成佛的可能性，即具有如來的素質。那麼，這就意味著一切眾生、所有的人「悉皆成佛」，實際都能夠成佛嗎？

有人單純地認為「既然有佛性就能夠成佛」，也有人認為「雖然有佛性，但是不一定能夠成佛」，這裡就出現了一個非常重大的問題。

換而言之，這個問題亦可稱作「本覺與始覺的爭論」。所謂「本覺」，也稱作「本覺思想」，其認為「人本來就持有佛性，也就是說從做為人轉生之時開始就是完全開悟的存在」，或者說「人在出生之前就已經開悟了」。本覺的思想，在天臺宗系統當中亦稱為天臺本覺思想，比叡山就是這般的思想，認為人原本就是開悟的存在。

與此相對的，是「始覺」的思想。始覺思想認為：「人並非是生來就是開悟者，而是在聆聽教義、努力修行以後才終於開悟的。經過修行，方才能成佛。」

當本覺和始覺展開爭論時，始覺思想很容易流於弱勢，我想各位也很明白這一點。如果透過膚淺的民主主義進行表決的話，讓贊同「各位生來就是開悟的存在，各位都能成為如來」的人請舉手，一定會有很多人舉手，但若讓贊同

「各位要進行修行，僅有修行成功者方能開悟」的人請舉手，恐怕僅有稀稀疏疏的幾個人會舉手，難以覺悟的人肯定是不會舉手的。就像這樣，因為本覺思想更為有利，所以在爭論中占了上風。這既迎合了大眾，又討大家歡心，根據多數決的原理，本覺思想自然就變成了主流。

然而，回顧釋迦修行成道的歷程，不可否認這個本覺思想中還存在很難解釋的問題，這個問題可能會成為佛教中的重大課題。

4 最澄與德一的爭論（三一權實爭論）

做為正式的論戰，後來出現了最澄與德一之間的爭論，這場論戰被稱為「三一權實爭論」，有時也被稱為「三權一實爭論」。總之，這是一場關於「三乘的思想是真實的，還是一乘的思想是真實的」爭論。

所謂三乘思想，就是指「世間有著聲聞、緣覺和菩薩等三種不同性質的人，各自的修行方式皆不同」，這是傳統的小乘佛教持續沿用的教學思想。釋迦在世期間也曾這樣講過，所以這算是傳統的思想。

與此相對，一乘思想是以《法華經》為代表，主張「佛說『人分為很多種，各自透過修行獲得覺悟』，而關於聲聞、緣覺和菩薩的分類，只是一種方便之說。事實上，所有人皆可成為佛。所謂佛乘，僅有一佛乘而已」。

這個「佛乘」，有時也等同於「菩薩乘」。換言之，在大乘佛教中，「成為菩薩」就視為相當於「成佛」。於是，「成為菩薩」就逐漸變成了大乘佛教的共同目標，沒有任何人是以聲聞或緣覺為目標，所有人都希望成為菩薩，這與成佛的運動是一樣的。如果將菩薩乘和佛乘區分開來的話，就不是三乘，而是四乘了。（「四乘」就是指聲聞乘、緣覺乘、菩薩乘和佛乘，即為了獲得覺悟的四種乘物）但一般來說，菩薩乘就等同於佛乘。

因此，「究竟是三乘正確，還是一乘正確」的問題，成為佛教史上一個很大的分歧；的確，在《法華經》（〈方便品〉）當中有如下的記載。

「舍利弗啊！我已經講述了許多教義，但至今的內容，全部是為了方便大家理解。我真正想說的，是大家都能成佛。」聽完釋迦的話，大家都喜悅地說道：「原以為自己只能獲得聲聞的覺悟，沒想到竟然能成佛，真是太高興了！太好了！」

此外，在《法華經》（〈授記品〉、〈五百弟子受記品〉）當中，還講述了釋迦給予許多人「你能成為如來，你也能成為如來」的授記。（即釋迦對弟子保證「你將來能夠成佛」）

由此可見，在釋迦離世數百年以後所成立的法華經教團，是為了擴大教團的勢力，才將一乘思想當做是開展活動的武器。如果告知人們「你能成為如來，你也能夠做到」，人們都會感到欣喜，所以信徒也會不斷增加。但後世的人們不瞭解這一段歷史過程，看到冠名為經文的教義，就以為是釋迦的「金口直說」。因此，自此就將一乘思想視為真正的教義，而認為三乘思想只是方便之辭，是錯誤的。

一乘思想進一步發展，就變成了本覺思想。若是再發展到極限的話，就不僅認為「一切眾生悉有佛性」，光是有佛性還不夠，甚至還認為「一切眾生悉皆成佛」——「所有人皆可成佛，所有人皆為佛」。

如此一來，不修行的人、修行的人、剛開始修行的人、已經修行很久的人，再往前推，不管是釋迦或耶穌，所有人都變成一樣了，從理論上分析，就會產生這樣的結果。

在政治的世界當中，正在發生這種事情。形式上的民主主義是「一人一票」，任何人都持有一票，不管是老闆或員工，好學之人或者偷懶之人，如來界或地獄界的人，每個人都是一票。因此，如果結合政治思想來看待本覺思想的話，就會發現宗教思想要遠遠領先於現代的政治民主主義思想。宗教思想的產生要領先一、兩千年，但這兩種思想的本質是一樣的，即主張「所有人一律平等」的平等思想。

就在這樣的背景下，最澄和德一展開了論戰。最澄是提倡天臺本覺思想而後來發展的「一乘主義」、「悉有佛性論」。為此，南都六宗的奈良佛教的代表，博學多聞的德一挑起了論戰。他指出：「你的研究是錯誤的，釋迦教義的本意絕非如此，那般思想是不對的。」並透過各種形式展開了爭論。

但遺憾的是，除了《真言宗未決文》一卷以外，如今沒有留下德一的任何論著。因此，對於德一的觀點，現在只能透過最澄的駁論，看到其中所引用的部分。如此議論雖然有欠公平性，但從最澄的論著中對德一的反駁來看，可發現德一的攻擊性相當強，且直擊了最澄的理論缺陷。因此，最澄也陷入了相當程度的危機之中。為了使自己的教團脫離危機，他也奮力地進行了反駁。

比如說，針對最澄的《依憑天臺集》（藉此標榜一乘主義）、《通六九證破比量文》（藉此批判法相宗的宗祖，即慈恩大師的《唯識樞要》中的〈定性二乘與無性有情說〉），德一則透過《佛性抄》（藉此批判天臺宗的宗祖智顗的著作）加以批判。針對最澄的《照權實鏡》，德一又寫了《中邊義鏡》、《慧日羽足》和《遮異見章》。對此，最澄則寫了《決權實論》、《法華秀句》等等。總之，這場論戰的中心就是探討兩個問題——到底是「一乘真實、三乘方便」、還是「三乘真實、一乘方便」這個關乎教理上的真偽問題，以及到底是「一切皆成」，還是後述的「五姓各別」如此人類觀的差異問題。

這場論戰一直持續了許多年，直至最澄死後才畫上了休止符，最澄可以說是在論戰當中疲勞致死的。在其晚年，原被他定為天臺宗繼承人的愛徒泰範投奔了空海，他門下的二十四名學生，最終留在比叡山的只剩下十人，有六人被法相宗奪走，剩餘的七人離開山門，還有一人死亡。就在這樣悲慘與疲憊交織的狀況下，最澄離開了人世。

然而，就在最澄死後的第七天，國家終於頒佈敕令，承認了大乘戒壇的設立，並於第二年，開始了新制度下的授戒。換言之，在比叡山也可以進行授戒（授予戒）和受戒（接受戒）的儀式。在當時，不前往奈良受戒就無法成為僧侶（小乘戒），而比叡山一直是與奈良佛教進行鬥爭。但這一點對他們極為不利，因此最澄為了讓弟子們能夠在比叡山受戒，一直在努力創建大乘戒壇。然而，如果達成這一點，奈良佛教就失去了支配權，所以奈良佛教始終是堅決反對，最澄就是在這般的失意當中死去的。

但歷史是諷刺的，後來比叡山的天臺宗變為綜合大學留存了下來，所以迄今仍然流傳著最澄在論戰中占了上風的說法。而到了後世，德一的奈良佛教系統卻因為沒有優秀的弟子傳承，實際走向了失敗。

反之，最澄的後世弟子們為了彌補教義上的不足，還曾留學中國，大量引進了嶄新而充實的佛教理論，所以日益繁盛起來，並且在勢頭上占了上風。最澄在世時的爭論，絕對稱不上是勝利，但他後來的弟子當中出現了圓仁（七九四年～八六四年）和圓珍（八一四年～八九一年）這樣的名僧，他們去了中國留學，並帶來了嶄新的中國佛教思想，將比叡山的天臺宗煥然一新，成就了最澄思想的興隆。而且，因為比叡山至今一直存留了下來，所以就成為了正統派，而日本的佛教思想也自此以一乘思想為主流，將三乘思想視為異端邪說。

鎌倉佛教等也在其影響下，將一乘思想視為根本，認為「一乘思想是正確的，而三乘思想是落後的古老思想」。就像這樣，在現實的歷史潮流當中，德一的思想消失了，而最澄的思想卻留存了下來，變成了現在的形式。

5 理佛性與行佛性

然而，從理論上來看，德一的思想才是正確的。我也經常講述「在靈界有著四次元、五次元、六次元、七次元、八次元、九次元等階層，每個階層的居民都將分別轉世到世間來。因此，出生以前的靈格就存在著差異，有些人在前世曾進行過修行，所以在世間的修行方式也有著差異。」

死後返回靈界之際，本來應回到本來的地方，而靈界的層次各有不同，原本從四次元世界轉生的人，不可能突然回到八次元的如來界。正如《釋迦的本心》（台灣幸福科學出版發行）當中所說的，從低次元上升到高次元世界，需要經過相當長的修行。就算是從阿羅漢變成菩薩，也必須經過相當多次的轉生輪迴，成功修行之後，才能實現，事實就是如此。

此外，現實當中，有五成以上的人將墮入地獄，這也是事實。持有佛性，並不代表立即成佛，從現實理論來看亦是如此。

就此，德一曾批判最澄說：「你對佛性的理解是錯誤的，佛性當中存在『理佛性』和『行佛性』，這是兩種不同的佛性。」

「所謂理佛性，就是指理念、理論，或道理上的佛性。也就是說，『所有人皆具有佛子的素質』，這個觀點從道理上是說得通的，如此理念也值得認可。這在《涅槃經》、《法華經》當中也有記載，對此我不想否認。然而，除了理佛性之外，還存在行佛性。即便有著做為『種子』的佛性，但也必須透過『行』，即修行進行磨練，方可成佛。」這就是德一的觀點。

當然，在佛陀的思想當中並不存在理佛性、行佛性，但這個道理是說得通的。「雖然理論上有著佛性（或者說本質上的真如），但必須透過『行』讓佛性發出光芒以後，才能成佛」，這確實是如此。因此，將理佛性定義為真理性的佛性，而行佛性定義為實踐性的佛性，也未嘗不可。

總之，德一所講的理佛性、行佛性，用我們的語言來說，就是「因、緣、果」中的「緣」。有「因」，也不一定會立即結出「果」。只有加上「緣」，即條件，方才會產生「果」，即結果，而這個條件就是指修行。

就算是原本宿有佛性，但若是完全放任不管的話，也不可能成為如來。如果這樣就能成為如來的話，就不會有釋迦的修行和成道過程了。因此，即便是原本具有佛性，也必須透過修行加以提升，才終於有可能成佛。

德一就是將這個「因、緣、果」稱為理佛性、行佛性。

如今從幸福科學的理論來看，他所講的理論也依然是正確的，他的批判確實是有道理的。

6 五姓各別的思想

然而，最澄怎麼也不明白這一點，因為他將做為存在論的佛性論與做為機能論的佛性論連接在一起了，或者說是混為一談了。若是分析當時的爭論內容，就會發現最澄一貫堅持「一乘主義、悉有佛性論」，與此相對，德一所屬的法相宗（唯識系統的學派）則是主張「五姓（性）各別」的思想。也就是說，站在理佛性的立場上承認「悉有佛性」，同時從「行佛性」的立場上主張「五姓各別」。

那麼，這到底是怎樣的思想呢？

第一是「菩薩定性」，這是指持有菩薩性質的存在，也就是說「有人是從七次元轉生而來的」（也有一說，菩薩是指進行六波羅蜜多修行的人）。

第二是「聲聞定性」，這是指六次元世界，「在六次元有著預定成為佛弟子的靈魂」（也有一說，聲聞是以反觀四諦〈即苦諦、集諦、滅諦、道諦的四個真理〉為主要修行的人）。當然，聲聞的目標是成為阿羅漢，因此以六次元轉生者為主力。有時也將持有菩薩靈格的聲聞（即聆聽佛的教義，並學習佛法的人）稱作「大聲聞」，以示區別。

第三是「緣覺定性」，這是指「也有些靈魂是比起像聲聞那樣認真學習，更想選擇獨自悟道，單獨進行修行」（也有一說，這是指以十二因緣為中心進行學習的人）。

將以上內容重新解讀的話，那就是世間既有就像行基菩薩（六六八年～

七四九年）那樣，以普度濟世、幫助他人為中心的人（菩薩）；也有在大型寺院當中與眾人一起聆聽師父的教義，同時進行修行的正統派僧侶（聲聞）；還有像良寬和尚（一七五八年～一八三一年）那樣，在山寺中享受「風流」的人（緣覺，或者說獨覺、即獨自悟道的人）等等，靈魂存在各種不同的傾向性。

第四是「不定性」，這是指還沒有定性的人，就好比是在選舉當中的「游離票」，即「也有靈魂是直到一生結束之前，不知道將來會怎樣，還沒有定性」。

第五點「無性」，這是一種比較嚴重的情況，也就是被認為沒有佛性，即方才講述的一闡提。不管怎麼看，這種人都不可能理解佛教、宗教和靈界等問題，這種人就稱之為無性（即沒有具備實踐性的佛性）。如此說法會出現理論性問題，故請各位依照方才所述的一闡提的理論來理解。

這種的「五姓各別」，就是法相宗的思想。由此可見，它基本上是正確的，因為原本的靈層是不同的，所以即便是透過修行來悟道，還是存在著一定的覺悟極限的。自己原本出身的靈界就有著進步的極限，所以若想回到比從前更高的靈界層級，就必須付出相當的努力，否則相當困難。

另外，也存在靈格很低的人，比如說有人終於從地獄當中爬上天國，剛歇一口氣就立即轉生了。這種人如果放任不管的話，還是會過上迷惑的生活，很快又墮入地獄，這種人的存在也是事實。

這就是關於是否承認如此人的差異的論戰。

7 道元的疑問

與此相對，以《法華經》為中心的「一乘思想」，就非常接近於前述的中國對於如來藏的解讀——「人只是蒙上了一層皮，只要將其揭掉，如來就會立刻出現」（日本的神道也有著類似之處）。

如果相信「所有人只是披著一層外衣，只要揭掉這層外衣，如來自會出現」，即便在現代也有可能出現爭議。「如此區分不同的人，是多麼愚蠢的事！像這種為了議論而議論、為了詮釋而詮釋，教導人們差別的思想是不對的！」這兩種思想勢必會存在對立。

在這樣的對立中，歷史上最終比叡山占據優勢，取得了勝利，那主要是因為後來比叡山出現了許多優秀的弟子。

此外，鎌倉佛教，即當時的新佛教的鼻祖們，也有很多人在比叡山學習過。法然、親鸞、日蓮、道元和榮西等人，都曾有緣在比叡山學習，所以他們從根本上抱持著一乘思想。但在比叡山修行以後，大家皆抱有疑問。他們感到「有些理論很奇怪」，因而紛紛創立了當時的新宗教，因為無法接納比叡山的思想，所以他們只好自己自己建立新的教派。

當時的鎌倉時代，戰亂不斷、饑荒不絕、餓殍遍地、血雨腥風，在這種狀況下，人們自然會產生疑問：「看看世間，還能相信每個人皆宿有佛性，這樣就能夠成佛嗎？」或認為「這是不對的。照此下去，人們必定會下地獄的。佛教的使命不就是拯救這些要下地獄的人嗎？」因此，很多人就逐漸整理自己的思考，興起了新宗教。

道元就是其中的代表人物，他也對當時的思想持有疑問。在比叡山學習了本覺思想以後，他總覺得那是不合理的。

比叡山的僧侶提倡「本覺」思想，「人原本就是覺悟之身，從出生之前就開始覺悟、出生之時已經開悟了，所以能夠成佛又有什麼好懷疑的呢？」（這亦可稱為「本來本法性、天然自性身」的理論）。

對此，道元這樣詢問道：「若是這樣的話，那麼釋迦透過修行獲得覺悟到底是怎麼回事呢？此外，修行論又是怎麼回事？僧侶以往就是四處修行，他們的修行論究竟到哪裡去了？如果僅是原本開悟的人直接成佛，那豈不就不需要修行了嗎？如果說『悉皆成佛』，一切眾生皆將成佛是早已註定的話，不就完全不需要修行了嗎？這個道理說不通啊！」然而，比叡山的僧侶沒有任何一個人能夠對此作出回答。

對於這個疑問，有人建議他：「就去留學深造吧！」於是他去了宋朝的中國留學。在那裡他找到了答案——「只有透過修行，才能夠獲得覺悟」，並建立了曹洞宗進行佛教修行。

此外，淨土宗也是如此。雖然其根本上持有一乘思想，但他們認為「人可能是會下地獄的」，並探究了「該如何做才能逃離地獄」。而且，不同於道元的坐禪修行，淨土宗得出了「透過信仰心，才能獲得拯救。如果沒有因、緣、果當中的緣，就無法成佛」的結論。關於緣的部分，他們認為：「比如說，透過念佛（稱名念佛），或是透過信仰心、信仰阿彌陀佛，佛就會前來拯救。如果什麼都不做的話，是無法獲得拯救的。」總之，淨土宗就是透過信仰心來填補緣的部分。尤其是法然，一直致力於將天臺宗的絕對性一元論改造為相對的二元論，坦率地面對人性的黑暗面。

然而，日蓮還有著其他不同的想法。他們一方面激烈地攻擊法然的「唱誦『南無阿彌陀佛』就可得救」是邪教，另一方面卻模仿「法敵」的做法，提出了「唱誦『南無妙法蓮華經』就可得救」的教義。

就像這樣，雖然有緣在比叡山學習，但又對其持有疑問，從而建立的新宗派就是鐮倉佛教。其中既有著宗教改革的潮流，同時最澄一開始的錯誤思想亦在流傳。在那時，已經沒有任何人相信三乘思想了，人們都信奉一乘思想，這就是當時的狀況。

8 平等與公平的問題

本節我想要進一步探討關於「佛性與成佛」的論點。追根究柢，這正是《太陽之法》（台灣幸福科學出版發行）當中所述的平等與公平的問題，也是本節的論點。

如果追究人的平等性，就會產生「任何人皆有佛性、如來藏」的思想，這種思想具有一定的道理和說服性也是事實。

然而，若是每個人都有可能性的話，就會有人提出疑問「難道所有人都一樣嗎？如果所有人都一樣的話，那就不需要修行了。既沒有必要在世間努力精進，亦很難說明過去、現在和未來的轉生輪迴過程。此外，三世的因果又作何解釋呢？」

為了回答這個問題，就必須持有平等和公平這兩方面的觀點。在抱持著平等的可能性的同時，還要在「因、緣、果」的不斷循環中，根據努力和修行的結果從而獲得公平的待遇。

假如殺人犯和救人者都是住在天國的話，那天國就無異於地獄了。如果殺人如麻的人和菩薩一起生活的話，天國就不再是天國，而是變成地獄了。因此，每個人的歸宿勢必會有不同。

在佛教的思想史上，也曾有過無法理解平等和公平問題的現象。對此，我們有必要來看一下。

首先，從結論上必須明確一點，認為「有佛性」即為「能成佛」（佛性＝

成佛）的觀點是一個誤解。

雖說人皆有佛性，但如今五成以上的人都墮入了地獄，所以拯救這些人就是宗教的使命。如果說「因為有佛性，所以大家皆能成佛」的話，那也就是否定、放棄了宗教的使命。但這樣的想法太過輕率，是存在錯誤的，而在新興宗教當中，常能見到這樣的謬誤。

比如說，這個如來藏思想當中有著《如來藏經》等如來藏類的經典。在佛教當中，這是一種光明思想，「生長之家」的谷口雅春氏也應該學習過這類經典。

此外，在寶積部的經典《迦葉品》的第七十節當中，釋迦曾對其弟子迦葉尊者講過這樣一番話：「迦葉啊！讓我舉個例子來說吧！如果點上燈火，所有的黑暗都將消失不見，但這些黑暗既非來自某個地方，亦非去了什麼地方。它既不會去往東南西北等方向，也不是來自哪一個方向。並且，迦葉啊！這個燈火並沒有想『我要把黑暗趕走』，但即便如此，當燈火點上時，透過光亮，黑暗就會消失。」讀到這裡，各位就會明確地知道「現代的光明思想也是起源於大乘佛教」，而這個「如來藏思想」的理論當然就歸結為光明思想。

不過，在現實當中，並不是完全跟剝掉稻穀的外殼後，米粒就會呈現一樣，若是走錯一步，就有可能導致「佛性即成佛」的簡化思想。

換言之，各位可以將「一躍跳入如來地」，當做激勵自己的話語來聆聽。但是，諸如「只要今天做祈願，每個人都能成為如來」的話語，就絕對是錯誤的。再比如「只要手持佛典，大家就可成為如來」的話語，也與事實不符。

如果有緣學習佛典，且努力修行的話，是有可能成為如來。但如果認為只要手持佛典、口頌佛名就能夠成為如來的話，那絕對是個謬誤。從實態理論上來看，這肯定是不對的，這樣的理論存在著很大的缺陷。

比如說，從生長之家分出的某個宗派，他們宣揚：「所有人都能得到拯救，所有人都能前往天國。如果發生了不好的事情，它們也全部都會消失，一切都將走向消失。」就像這樣，他們否定努力的作用，主張「不需任何努力，一切都只將會變好」，但這個教祖最終肯定會墮入地獄。

我想最澄之所以下了地獄，恐怕也是因為同樣的原因。雖說「一切眾生悉有佛性」，但是最澄卻牽強附會地得出了「悉皆成佛」的結論。至少繼最澄之後的天臺本覺思想是肯定現世，從而走向了腐敗和墮落的方向，這是歷史的事實。為此，往後的一千數百年間，日本的佛教歷史當中無疑一直流動著這樣的毒水。

自此開始出現了缺乏修行論的傾向，即便在現代的新宗教當中，也不乏只追求利益的宗教，流傳著「成佛是輕而易舉之事」的思想，這種錯誤思潮的源頭就在於「悉皆成佛」的觀點。

因此，與方才提到的新宗教的教祖完全一樣，最澄也要為自己的思想承擔責任，所以才會墮入地獄。雖然他本身不是日本的天臺本覺思想的完成者，但無疑也是膚淺地解說《大乘起信論》、《法華經》和《華嚴經》，從而為本覺思想打下基礎之人。

總而言之，「因為每個人有著佛性，所以即便不努力，也都能很快成為如來」的思想是錯誤的。雖然每個人都有成佛的可能性，但透過如何使用這種可能性、機會，所產生的結果就是不平等的。

如果追求「結果平等」的話，會導致怎樣的結局呢？政治上的共產主義就是如此，其結果就是誰都不願意工作了。如果說不管做什麼，每個人皆是獲得相同待遇的話，努力也是枉然，也喪失了自由性。一旦結果沒有差別的話，人們就會缺乏幹勁，並一味追求分配福利。如此一來，社會整體就會退步。

因為宗教的歷史上曾發生過這樣的現象，所以在政治上追求共產主義的話，到了某個時代也勢必會出現相同的狀況。

因此，我認為民主主義是非常接近於這種「一切眾生悉有佛性」、「一切眾生悉皆成佛」以及如來藏思想的。

從這個意義上來說，雖然政治的終極理想已經出現了，但是達到終極的理想、理論的極致之後，接下來就會開始走向墮落，同樣有可能會墮入愚民政治之中。換言之，如果追求結果平等的話，結局也將會是這樣。

如果說「每個人皆能成如來」，那就是在否定宗教的使命，亦不需要修行論了。因此，日本的天臺宗應該謙虛地反省自己的罪責，冠以此名的祖師天臺智顗原本是主張始覺思想的，但後代弟子卻違背了教祖的教義，開始推行天臺本覺思想，從而使日本的佛教走向了墮落。

9 勇氣與愛、希望的原理

當理論進展到一半時還不會有問題，但若將理論推行到極致以後，就會產生相反的作用。各位或許會感到不可思議，世間、人生，以及佛的理想就是這樣的相容問題。就好比是進步與調和這兩個不同的向量，也能夠相互相容一樣。

因此，「所有人皆有著佛性、如來藏」的思想，就變成了「勇氣的原理」。即對於那些感覺「自己已經無可救藥了」的人，要教導「才沒有這種事！你也是可以開悟的，所有人都能夠獲得覺悟啊！」這般激勵修行的「勇氣的原理」。

此外，對於那些自恃已經開悟，並且看不起他人，認為「你們都沒有佛性，只有我有著佛性，只有我能夠成佛、成為菩薩」的人，就要教導「你的想法是錯誤的，你必須謙虛地抱持著愛人之心，他人亦是具有佛性的！」這般尊敬、尊重他人的「愛的原理」。

正因為存在這種思想，才能夠建設世間烏托邦，也正因為相信「所有人皆有著佛性，世人皆為佛子」，才有可能將世間建設成佛國土。為了實現這個理想，世人才有努力的動機，這就是「希望的原理」。

然而，這些都是「本該如此」的宗教原理、宗教真理。如果將這些原理視作實態論上的真理，就有可能會產生大問題。因此，請各位務必要知道這個難點。

這就是「佛性與成佛」的課題。世事不是那麼單純的，如果只想追求單純化、以及理論的整合性，結果不一定會理想，甚至還可能出現反效果。「所有人皆為壞人，皆是來自地獄」的黑暗思想，固然是不對的。然而，「所有人皆能成佛」的思想，用來鼓勵人們還行得通，但如果將其理解為是實態論的話，就容易導致嚴重的錯誤。

總之，本章的結論就是必須瞭解以上這些內容，並從歷史的錯誤中汲取教訓。

後記

佛教從印度傳入中國，爾後傳入了日本。在這兩千數百年間，無數的佛弟子們參與了經藏、律藏、論藏這三藏理論的構建和傳佈。

現代所流傳的「佛教」，不僅是指釋迦「金口直說」的法話，亦是對於這兩千數百年來開展的活動總稱。其中，既有正確的教義，也有錯誤的教義；既有發展，也有墮落。

我親手寫下這篇文章，用以指出現代佛教的錯誤，實為一件無限悲傷的工作，然而，這又是必須遂行的工作。為了使僵化的佛教在現代復甦，並再次賦予生命，這是一個不可或缺的過程。

在《覺悟的挑戰》（上、下卷）中未曾言及的重要課題，今後我將予以整理並出版。我承諾在那之前定將與各位讀者共勉，努力精進。

一九九三年　六月

幸福科學集團創立者兼總裁　大川隆法

HAPPY SCIENCE

幸福科學集團介紹

幸福科學透過宗教、教育、政治、出版等活動，以實現地球烏托邦為目標。

幸福科學

一九八六年立宗。信仰的對象為地球靈團至高神「愛爾康大靈」。幸福科學信徒廣布於全世界一百多個國家，為實現「拯救全人類」之尊貴使命，實踐著「愛」、「覺悟」、「建設烏托邦」之教義，奮力傳道。

愛

幸福科學所稱之「愛」是指「施愛」。這與佛教的慈悲、佈施的精神相同。信眾透過傳遞佛法真理，為了讓更多的人們能度過幸福人生，努力推動著各種傳道活動。

覺悟

所謂「覺悟」，即是知道自己是佛子。藉由學習佛法真理、精神統一、磨練己心，在獲得智慧解決煩惱的同時，以達到天使、菩薩的境界為目標，齊備能拯救更多人們的力量。

建設烏托邦

我們人類帶著於世間建設理想世界之尊貴使命，而轉生於世間。為了止惡揚善，信眾積極參與著各種弘法活動。

入會介紹

在幸福科學當中，以大川隆法總裁所述說之佛法真理為基礎，學習並實踐著「如何才能變得幸福、如何才能讓他人幸福」。

入會

想試著學習佛法真理的朋友

若是相信並想要學習大川隆法總裁的教義之人，皆可成為幸福科學的會員。入會者可領受《入會版「正心法語」》。

三皈依誓願

想要加深信仰的朋友

想要做為佛弟子加深信仰之人，可在幸福科學各地支部接受皈依佛、法、僧三寶之「三皈依誓願儀式」。三皈依誓願者可領受《佛說・正心法語》、《祈願文①》、《祈願文②》、《向愛爾康大靈的祈禱》。

幸福科學於各地支部、據點每週皆舉行各種法話學習會、佛法真理講座、經典讀書會等活動，歡迎各地朋友前來參加，亦歡迎前來心靈諮詢。

台北支部精舍
台北市松山區敦化北路 155 巷 89 號

幸福科學台灣代表處
台北市松山區敦化北路 155 巷 89 號
02-2719-9377
taiwan@happy-science.org
FB：幸福科學台灣

幸福科學馬來西亞代表處
No 22A, Block 2, Jalil Link Jalan Jalil Jaya 2, Bukit Jalil 57000, Kuala Lumpur, Malaysia
+60-3-8998-7877
malaysia@happy-science.org
FB：Happy Science Malaysia

幸福科學新加坡代表處
477 Sims Avenue, #01-01, Singapore 387549
+65-6837-0777
singapore@happy-science.org
FB：Happy Science Singapore

覺悟的挑戰（下卷） 佛智所開拓的愛與覺悟的世界

悟りの挑戦　下卷　仏智が拓く愛と悟りの世界

作　　者／大川隆法
翻　　譯／幸福科學經典翻譯小組
封面設計／Lee
內文設計／顏麟驊

出版發行／台灣幸福科學出版有限公司
104-029 台北市中山區中山北路三段 49 號 7 樓之 4
電話／ 02-2586-3390　傳真／ 02-2595-4250
信箱／ info@irhpress.tw
法律顧問／第一法律事務所　余淑杏律師

總 經 銷／旭昇圖書有限公司
235-026 新北市中和區中山路二段 352 號 2 樓
電話／ 02-2245-1480　傳真／ 02-2245-1479

幸福科學華語圈各國聯絡處／
台　　灣　taiwan@happy-science.org
地址：台北市松山區敦化北路 155 巷 89 號（台灣代表處）
電話：02-2719-9377
官網：http://www.happysciencetw.org/zh-han
香　　港　hongkong@happy-science.org
新 加 坡　singapore@happy-science.org
馬來西亞　malaysia@happy-science.org
泰　　國　bangkok@happy-science.org
澳大利亞　sydney@happy-science.org

書　　號／978-626-95395-9-8
初　　版／2022 年 1 月
定　　價／380 元

Originally published in Japan as
'*Satori- no-Chosen-Ge*'
by IRH Press Co., Ltd. Tokyo Japan

國家圖書館出版品預行編目（CIP）資料

覺悟的挑戰．下卷：佛智所開拓的愛與覺悟的世界／大川隆法作；幸福科學經典翻譯小組翻譯. -- 初版. -- 臺北市：台灣幸福科學出版有限公司，2022.1
224 面；14.8×21 公分
譯自：悟りの挑戦．下卷：仏智が拓く愛と悟りの世界
ISBN 978-626-95395-9-8（平裝）

1. 新興宗教　2. 靈修

226.8　　110020422

廣　告　回　信	
台北郵局登記證	
台北廣字第5433號	
平　信	

IRH Press Taiwan Co., Ltd.
台灣幸福科學出版有限公司

104-029 台北市中山區中山北路三段49號7樓之4
台灣幸福科學出版　編輯部　收

請沿此線撕下對折後寄回或傳真，謝謝您寶貴的意見！

覺悟的挑戰（下卷）

大川隆法
Ryuho Okawa

台灣幸福科學出版有限公司

覺悟的挑戰（下卷）
讀者專用回函

非常感謝您購買《覺悟的挑戰（下卷）》一書，
敬請回答下列問題，我們將不定期舉辦抽獎，
中獎者將致贈本公司出版的書籍刊物等禮物！

讀者個人資料　　※本個資僅供公司內部讀者資料建檔使用，敬請放心。

1. 姓名：　　　　　　　　性別：□男　□女
2. 出生年月日：西元　　　　年　　　　月　　　　日
3. 聯絡電話：
4. 電子信箱：
5. 通訊地址：□□□-□□
6. 學歷：□國小 □國中 □高中／職 □五專 □二／四技 □大學 □研究所 □其他
7. 職業：□學生 □軍 □公 □教 □工 □商 □自由業□資訊 □服務 □傳播 □出版 □金融 □其他
8. 您所購書的地點及店名：
9. 是否願意收到新書資訊：□願意　□不願意

購書資訊：

1. 您從何處得知本書的訊息：（可複選）□網路書店　□逛書局時看到新書　□雜誌介紹
   □廣告宣傳　□親友推薦　□幸福科學的其他出版品　□其他

___

2. 購買本書的原因：（可複選）□喜歡本書的主題　□喜歡封面及簡介　□廣告宣傳
   □親友推薦　□是作者的忠實讀者　□其他

___

3. 本書售價：□很貴　□合理　□便宜　□其他

___

4. 本書內容：□豐富　□普通　□還需加強　□其他

___

5. 對本書的建議及觀後感

___

6. 您對本公司的期望、建議…等等，都請寫下來。

___

___

IRH Press Taiwan Co., Ltd.
台灣幸福科學出版有限公司